無鉄砲
海外移住計画

ぶわっぱっは

平田宣弘

文芸社

もくじ

楓華《ふうか》、そして、そら。お父さんは今日27歳になった。

これからの話は世界中どこを探してもないたった1つの物語や。そしてお父さんはお前らにこれしか残せへんかもしれん。

お母さんとの出会いから今日までに何を考え、何を学び、どういう行動をとってきたか、そして今どう考えているか。

3歳と1歳のお前らにはわからへんと思うけど、この物語を書き残すのは自分自身のためでもある。話の登場人物は、みなお父さんの知り合った人たちや。ほんならぼちぼちはじめようか。

第1の冒険の書「カナダ編」

1994年10月1日――

全てはここから始まった。その日は台風が直撃していて、ひーじいちゃんの命日でもあった。その日おれがつきあって2年ぐらい経つ初めての彼女が知り合いの男性に寝取られた。ごっついショックやった。彼女はそのあとで許してくれと言ってきた。おれはやっぱり彼女に惚れとったし、自分自身が悪いことしたわけやなかったから、なかなか踏ん切りをつけることができんかった。そう許したんや。で、どうしても彼女と会おうと決めた日がひーばあちゃんの骨を京都に持っていく日と重なったので、困ったおれは、理解があると信じていた親父に思い切ってそのことを打ち明けた。

「情けない！　お前は自分で自分の値打ちを下げとんやぞ！　お父さんはお前をそんな息子に育てた覚えはない！　そんな女別れてまえ！」

これが答えやった。この言葉で親父に対しての見方が変わった。お前達とは友達のようでいたい、とか言うとるけどやっぱり親父やないか。どんな息子に育てたつもりなんや！　彼女とは結局別れることになったけどそれは自分で考えてのことやった。新しい彼女を作れば前の彼女のことは忘れるのはわかっていたけど、それでは自分が負けることになるような気がした。

その頃おれは1500cc の単車に乗っていた。16歳の時に単車を買うお金がなく、親父に頼んだら大型免許を取れば金を出してやると言われ、何回も学校を休んで試験場に行き、10月13日に取得した。親父は約束通り117万もする単車を、おれへの「貸し」ということで買ってくれた。だから車の免許を取っても車は買えへんかった。昔から自分でも金にはせこいと思とったけど、親父もそれは知っていて何かあるとすぐに「金返せ」と言ってきた。まだ社会人になってないのにそんなの返せない。18歳になり、やっと働きだして少しずつ返し始めた時におこった出来事が彼女との別れやった。その苦い気持ちはまだ引きずったままやのに、親父はバブルがはじけたせいかやたら「返せ、返せ」と催促してくる。ある時、おれは確かに払ったはずやのに残金が変わってないことがあった。親父はもらってないという。その頃の親父は、親父というよりはていのいい借金取りに思えた。

それからしばらくして、ボーナスと合わせておれの手元に80万近い現金がある時やった。「これで借金は終わる。でもこのままそっくり渡すのは嫌や。そうや、勉強に使うんやったら親父も文句も言えへんやろ」と思って、海外に興味があったから英会話でもやろうかと思い、たまたま会社帰りに見かけたNOVAの看板をくぐった。いろんなコースがあって授業料もピンきりやったけど、おれは迷うことなく70万円コースを選んだ。とにかくこの時は少しも返したくなかった。「これを全てやり終える頃にはネイティブの講師を教えるぐらいになれますよ」とスタッフに言われた。NOVAの初級レベルが7C〜7A、その上が6から1で講師は2ぐらいだという。その外人の講師を教えることが出来るレベルになれるゆうんや。ちなみにレベル1は国際政治的な通訳レベルらしい。中学最初のアルファベットのテストで95点取ったのはよかったけど、以来ずっと30点以下。英語なんかａｍ、ｉｓ、ａｒｅの区別もわからへん。勉強が嫌で工業高校に行ってエリートとはほど遠い作業服着て油まみれになっとるほうが似合うこのおれが、こんなとこに来るとは夢にも思わんかった。

最初に外人講師と少し会話をして自分のレベルを判断すると言われた。そんなことせんでも一番下やのに、と思ったけどひょっとしたらという気もあった。講師が入ってきて、生まれて初めての外人さんとの会話が始まった。

「Ｎｉｃｅ ｔｏ ｍｅｅｔ ｙｏｕ」

それが「はじめまして」の挨拶ちゅうことすらわからんかった。するとさらにでかい声で同じ英語をしゃべってきた。おれは、「あなたの何かがナイスだよという意味やな」と思い、

「サンキュー」

と言ったら首をかしげられた。そして次には、

「Ｗｈａｔ ｉｓ ｙｏｕｒ ｎａｍｅ?」

ときた。さすがにこれは理解できた。

「Ｍｙ ｎａｍｅ ｉｓ Ｙｏｓｈｉｈｉｒｏ Ｈｉｒａｔａ」

こいつは完璧やった。どんなもんや。しかし、容赦なく質問は続いた。

「Ｗｈａｔ ｉｓ ｙｏｕｒ ｃａｍｐａｎｙ?」

「あなたの会社はなんですか？」という意味だとはてんでわからない。さっきの質問と最後だけ違うぞ……。かんぱにい〜は何ですか？　かんぱにい。かんぱにい〜？　おれはチップスカンパニーしか知らんどー。

「あ〜、チップスカンパニー」

「What???」

「あー、ポテトチップ？」

「No」（違う！）

「Do you study french?」

「あなたはフランス語を勉強していますか」と聞かれたのだが、ふれんちい……??　なんのこっちゃ？　でわからない。

「あ〜、ふれんちドレッシング？」

黙って首を横に振られた。これでテストが終わった。結果は、『とにかくまず英語の雰囲気から慣れましょう』やった。ランクはもちろん7C。一番下や。

その頃、おれは郵便局の貯金端末機の点検や修理をする仕事をしていて毎日姫路から神戸に通っていた。月のうち半分は出張やったし予習復習なんかぜんぜんせんかった。会話は好きやけど勉強は嫌いやった。そして3カ月たたんうちに阪神大震災があった。95年の1月17日、19歳の時やった。会社は臨時で姫路営業所を建てて対応したけど全体に落ち着いてそれまでのペースをとり戻すまでには結構時間がかかった。それで英会話の学校も姫路に移した。

もう秋になっとった。英会話教室にはさすがに海外に興味のある人間、特に女性が多かった。ある時1人の女性がみなの前でカナダにワーキングホリデーでどうのこうのと話をしていた。何のことかよくわからないので、終わってから彼女に詳しく話を聞くと、年齢制限や国などは限られるが1年間海外で滞在もでき働くこともできるワーキングホリデーという制度があるという。

結局この日1度しか話さなかったが、洋子さんという女性との偶然の出会いにおれは心から感謝した。全てが重なっていた。まず、2年間働いたが将来もこの会社でほんまにいいのか？　という気持ちがあった。次に、親父への借金も間もなく返し終わる。その後はすぐにでもこの家を出たるという気持ちがあった。そしてワーキングホリデーとの出会い……。それなら誰もおれのことを知らん所、日本ではなく海外へ飛び出そう……。それはその頃のおれの夢であった。高校の時ラグビー部だったおれは、いつもタックルで相手を倒すのは力ではなく要は度胸とタイミングだと思っていた。それを逃すと点を取られるか怪我をする……。

「今しかない！　タイミングはここや！」

そう決心してからは早かった。レベルは7Cのまま授業料の70万を捨てて、ワーキングホリデービザの申請をした。確か12月頃だったと思う。

「僕は長男なので今しか海外に行けません。もっと視野を広げていろんなことを学びたいと思っています。どうかよろしくお願いします」

そんな一文を添えて大使館に出した。冒険国はカナダにした。理由は帰る前にアメリカのラスベガスに寄って億万長者になって帰ってくるつもりだったからだ。行動は早いけど頭の中はカラッポだった。会社の先輩からはよく「お前の頭の中はまんがやの」と言われとったけど、まさにその通りかもしれん。『魁・男塾』や『花の慶次』や『夢幻の如く』などを好んで読んでいたけど、どこかに彼らの生き方に対する憧れがあったんかもしれん。

話はもどって、会社には3カ月前までに辞めることを言わんとあかんから出発は96年の4月にしたけどワーホリの結果が出る前にそれを言ったので、もしビザがもらえなければカナダに1年間行くので辞めさしてくださいと言ったのが結果的に旅行程度になってしまうかもしれない。会社の人はみな「若いうちにやりたいことはしたほうがいい」と、温かく見送ってくれた。親父には、「会社辞めてカナダに行こうと思う」と言った。「死にに行く気か！」と言われたけど、反対してもおれが行くのはわかっていたから最後は協力してくれた。親父は、「じいちゃんばあちゃんには、郵便局の点検でカナダに出張してくるって言うといたぞ」とおれに言った。むちゃくちゃやけどな。そんな親父に心配させんように、「むこうに着いたら学校に行ってホームステイ先を探して生活する」と安心させたけど、実際は何のあてもなかった。初めての海外旅行でYESとNOぐらいしか話せないのに、ガイドブックも持たず、スポーツバッグ1つと30万足らずの金を持っての旅やった。カナダについて知っているのは、ナイアガラの滝と飛行機が最初に到着するバンクーバーという地名だけやった。そして持って行った物の中で一番大事にしていたのが、2枚の紙とカセットテープ1個やった。紙の内容はまんがの本からその時好きだった言葉を、抜粋したものやった。

・茶器も人も同じ。大事にしてくれる者の手にあってこそ価値がある。

・運が昇れば人は友達面して寄って来るもの。しかし本当の友は、日頃疎遠でも難儀の時にこそひょっこり現れ救いの手を差しのべてくれる。

・運があれば、毒を盛られても生き延びる。見放されれば、瓦が落ちてきても人は死ぬ。遊びは危険なほど楽しい。

・これからは全て金で動く世の中になっていく、金で動かない者は、はみだし者さ。

・病なんかに殺されてたまるか。生は人のためにあるやもしれぬ。されど死こそは己だけのもの。何者にも邪魔されてたまるか。

・うろうろ歩いて風土を見、人に会えばいい。そこの人間が何を着、何を喰い、どんな酒を呑み、どんな夢を見るかがわかればよい。出来れば心の許せる友の1人も見つかればこれに過ぎたことはない。

・父は子を愛し、また子に愛されると信ずるほうがおかしい。誰もが1匹の男だ。1匹の獣だ。それぞれの理由で牙をむくのが本来の性だ。それを恐れて子の牙を抜けばその子は他の獣の牙にかかるだけだ。親に叛く牙も持たぬ男に何が出来る。

・7年の病なければ、3年のもぐさも用ひず、雲無心にして、岫を出るもまたをかし。詩歌に心なければ、月花も苦にならず、寝たき時は昼も寝、起きたき時は夜も起きる。九品蓮台に至らんと思ふ欲心なければ、八万地獄に落つべき罪もなし、生きるだけ生きたならば、死ぬでもあらうかと思ふ。

また違うまんがの本からの言葉を紹介しよう。

・寺の坊主も京の輩もおのれの身の回りを嘘で塗り固めおる。言葉は力じゃ！　力も金も無いおのれら自身で食う糧を持たぬたかりよ。あるのは人をたぶらかすだけのうすぎたない口だけじゃわ。信徒にたより民にたよってエサを食ろうておる。正直ならばまだ許せようが、おのれらがウジ虫のごとく思っておる下々の人間によって食ろうておるその事をごまかす為、権威じゃ法じゃと隠れ蓑を作って民に大嘘をついておる。自分達の立場の弱さを隠す為にのぉ。しかも自分達がついておる嘘ですらも自分達でわからなくなってしまった毒虫どもじゃ。

・自分の見える範囲が現実ではない。価値観とは1つではない。見えぬ場所には自分達の思いもかけぬ事が価値が現実として存在するという事よ。この島は故郷じゃ、争い事は何の意味も持たぬ。

・人間は白も黒も黄色も東も西も考える力を持っている。しかし長い時間の経過のうち自然の環境、人種の性質によってその考えは微妙に違って来た様じゃ。東の人間達は人とはどう生きるか、どう苦しみを乗り越えるか、人間の内なるものに考えをおよばせた。おぬしら西の人間は人間の体はどういう仕組みで出来上がっておるか、自分達の住む丸い玉は何で出来、どう動いているのか、それを解き明かそうとする。どちらがいい悪いではない。両方揃ってこそより完全に近い。男と女が対である様にだ。溶けて1つに融合する。この丸い玉の上に別れて住んだ人間という種のその持つ知恵はどんな知恵であろうと有益じゃ。1つとして無駄には出来ん。個々の欲、己の利益、己の優位を中心に考え、他を見下しこれを排さんとする事、この矮小なる思考こそ大いなる罪といえる。地球にて考える力を有したる人間は他の動物とは違う。すべての人間の考える力は価値を持っておるのだ。人間とは特別な生き物よ。

・歴史というものは1人の人間の生死で全く別物になる。

・人を救うべき宗教とやらが殺し合いの戦をやりおる。どこでも同じじゃのぉ。

・他の国に裸一貫で1歩を印すもまた良し。これ以上の信用は他にはないわ。

・おのれの偉そうな見識などその程度の世界観じゃ。

・物事すべてには裏と表がある。

・貴様らが後生大事に守っているこの島などただのケシツブでしかないことを思い知らせてやろうではないか。

この文章を鉛筆で紙に書いて皮ジャンの片方のポケットに入れ、もう片方にはテープの入ったウォークマンを入れた。その中身は歌詞のないゲーム音楽でリッジー・レイブレイサーというレース系の音楽やけど、とにかくその2つが一番大事やった。そして96年4月7日の日曜日、当時20歳のおれの冒険が始まった。その日は実にええ天気やった。さてここからはその時の日記を抜粋し、それに付け足しながら書いていこう。

4月7日（日）晴れ

会社の先輩の小倉さんに関空まで送ってもらう。PENDLETONの帽子を餞別にもらった。髪を切ってとってもかわいくなっている小倉さんだが気持ち悪かった。カレーを食っていると河村さんが4時頃に見送りに来た。入れ替わるように小倉さんは夢を語って去っていった。日本円がなく河村さんにスリッパと入場券みたいな物を買ってもらう。午後6時日本出国。機内で広島から1人で来た美和さんと知り合う。彼女は21歳の時にピアノ教室を開いて英語もベラベラでサンフランシスコにホームステイをしに行くらしい。その彼女に入国カードとかいう変な紙の書き方を教わり、カナダに行く時もこれを書かないといけないと言われた。本当に助かった。飛行機に乗って約12時間、サンフランシスコに到着。まだ7日の11時、昼前である。バンクーバー行の飛行機は午後7時にならないと出ない。なにもわからないおれはただひたすら椅子に座って待ちつづけた。この間の8時間はとても苦痛だった。そしていよいよバンクーバーへ向かう飛行機の中でのことだが、偉そうな人がおれの横に座った。会話はできないし、そんな雰囲気でもなさそうなので、ずっと外ばかり見ていた。でも、たまたま機内食に出たポテトチップの袋が開けられないので、見かねたおれが開けてあげた。そこから会話が始まった。話してみるとなかなかいい人である。名前はチェンさん、40〜50代の人だが英語はペラペラ、世界中を旅しているらしい。眼下にカナディアンロッキーが見えてくると「ぼけ〜の、ぼけ〜の」と何度もおれに話しかける。頭の中でそれに近い言葉を検索しても、ボケしかでてこない。ジェスチャーで火山だということがわかったけど、辞書もスペルがわからんかったらひけへん。もっとも「スペルは何?」という質問文も知らんけど。

チェンは香港に住んでいて、バンクーバーにも何度か行ったことがあると言う。おれは日本で航空券を買った時にホテルを2泊予約したけど、全部英語やからどこにあるかもどうやって行くかもわからへん。おれは日本から持ってきた1冊の辞書と『ひとり歩きの英語自遊自在』という例文集を見ながら、今日泊まるホテルの住所を示してそれがどこにあるか教えてもらおうとした。そして、「あそこのファーストクラスに私の連れがいる。彼はカナディアンで車があり、私はそれに乗せてもらう。私の泊まるホテルもこの近くだから、いっしょに乗せていってあげるから、問題ないよ」と、チェンさんの言った英語を自分なりに勝手にそう解釈した。チェンさんはファーストクラスの座席券を持っているのに何故だかエコノミー席にきてるらしい。「香港に来たら私に電話してくれ」とも親切に言ってくれた。

空港に到着してから2人で歩いて入国審査のところまでいった。ほんまかどうか知らんけど、その頃のカナダはワーホリで「サイトシーン(観光)」すら言えない人間は日本に追い返されることがあると後で聞いた。もちろんおれはそんな言葉はわかるはずもないし、そんなことも知らんかった。先にチェンさんが審査を受けた。そしてこちらを見ながら審査官に何か話しているように思えた。次に自分の番が来る。何も言われず、何も聞かれず、ハンコを押されて無事終わった。チェンが先で待っていた。聞きたいことがあっても全く文章ができんし、単語もでてこない。そしてチェンの連れの人も合流した。3人ぐらいの仲間の中で、チェンは一番偉い人らしい。

それから空港の外に出て行くと向こうから迎えが来た。荷物持ちまでいる。何か変である。チェンは迎えの人におれのことを話しているようだ。車の所まで連れていかれた。

「何じゃこりゃ！」

その頃のカナダは日本と違って新しいピカピカの車は少なく、いつ壊れてもおかしくないボロボロな車が多かった。その中で目の前にある車は、くそ長いリムジンが2台と、セドリックである。とてもきれいに磨かれ、いかにも高そうである。運転手まで付いている。

チェンは、「前に乗りなさい」と言ってくれた。運転手がドアを開けてくれ「Your welcome」と歓迎してくれる。おれは、ここで初めて「この人たちは住む世界が違う人たちだ」と思った。おれはこの親切な人たちにホテルまで連れて行ってもらい、運転手に荷物をおろしてもらい、チェンにドアを開けてもらい、「がんばれ」というようなことを言われ、ぎゅっと両肩をつかまれた。それに対して、「Thank you」しか言えない自分がとても悔しかった。高級な人、一流の人とはこういう人たちだと思った。日本では絶対に経験できなかったことである。ああ、実に楽しい旅じゃ。

4月8日（月）

朝、外に出て見た。昨日は夜で暗かったからようわからんかったけど、ここはまぎれもなく外国や。しかも西も東も言葉もわからへん。おれのことを知っとる人間も1人もおらん。あかんかったら帰ったらええと思って来たけども、よう考えたら帰り方がわからへん。でも気持ちは、「力尽きてその辺で野垂れ死ぬもよし」やった。予定も全くないおれは、とにかく何か食べようと思い近くのマクドナルドに入った。

番号言うだけやから簡単や。座って食べていると前に日本人らしき男の人が2人座っていた。やっぱり日本人やった。彼らは1年間アメリカの農場でファームステイをしてきた団体のメンバーで、帰りにカナダを全員で旅行しているらしかった。明日には日本に帰るらしい。彼らに自分のことを話すと、「BANFF（バンフ）は、日本人がたくさんいるけど自然がとてもきれいで、働く所もたくさんあったよ」と教えてくれ、最終日なのにおれといっしょにバンクーバーを回って電車やバスの駅や乗り方などを教えてくれた。

次の日の朝ホテルを出て近くのユースホステルに向かったが、そこは5月オープンなのでまだ泊まれない。他のユースまでは遠いので、昨日聞いたバンフちゅうとこにでも行こうと思いスカイトレインに乗った。切符を買ったがはっきりいって必要なかった。ええかげんや。GREYHOUND BASというカナダを横断しているバスに乗り、バンフに向かった。12時間ぐらいかかるようだ。出発まで時間があるのでマクドに行った。しかしこっちのマクドは日本と違って何もかもバカでかい。いったい誰が食べるんじゃと思う。午後1時30分、バスは出発。大草原あり、山あり、谷ありのきれいな景色である。おれはこれから起こることも知らず無邪気に外の景色を楽しんでいた。

午後9時頃、Salomn Armという所で乗り換えの人たちが乗ってきて急に人が増えた。おれはトイレの前の一番後ろの席に座っていた。すると向こうから来たナイスガイな兄ちゃんがオレの横に座った。話しかけてくるがじぇんじぇんわからない。「I can,t speak English」と何度も言ったが、彼はゆっくりと話してくれたり、紙に書いてくれたりした。いい人である。ジョルトコーラをもらい、それでも2人でつながらない会話を懸命に試みた。彼の名前はジョン・フラワー。中学を卒業して軍隊に入ったらしい。歳は31歳、何をしているのかはわからなかった。英語を紙に書いてもらいそれを辞書で調べながら会話をしているが言っていることが変である。

「オレは今日マリファナを手に入れてうれしい」

はぁ？　こいつ薬やっとんか。あとで知ったがこっちは薬をやっている人はくさるほどいて、マリファナなんかはたいしたことないらしい。しかしフラワーは3と書いた薬を出してオレに3つほど渡して飲んでみろと言う。おれはムチャクチャな英語で、「これ飲んだらどーなるんや？眠たくなるんか？」と聞くと、彼はぜんぜん理解してくれん。すでに日付は10日になっている。あまりにもしつこく薬を飲め飲めと迫るので、彼がよそ見している時に薬を2つポケットに入れ、残る1つを飲んだ。彼は執拗におれの手と口の中を見ている。そのままおれは寝るといって少し寝た。別に何も起きなかった。

彼が、「バンフに着いて何をするの」と尋ねた。街を見るという英語がわからなかったので、「仕事だ」と答えると、「AM3時30分に着くが朝までどうするつもりだ」と追及してくる。仕方ないので、「寝るか歩く」と答えた。彼はバンフの次の街Calgary（カルガリー）に行くらしい。そんな会話のなかで何回か薬を勧められたが断った。彼はよく薬を飲んでいる様だ。その時は、「こういうデンジャラスな奴といるのもなかなか楽しい」と思っていた。AM3時30分にバンフ到着。寒かった。

バスの駅は朝7時30分に開くらしい。「さあどうしようか」と思っていると、彼も降りてくる。「Go bus、バス行ってまうで」と言うと、「カルガリーには明日行く」という返事である。それから2人でバンフの街を歩いたのだが、その頃からこいつちょっとヤバイと思いはじめた。

奴はスタンドで悪がきっぽい連中に黒いハッシかLSDとかいうような物を売ってもらっていた。それから奴は「カモン」と言って森の中に入っていく。そこで売ってもらった薬を火であぶり、粉々にして夕バコにして吸っている。どーでもえーけど、今ポリに見つかったらオレも捕まるやんけ。そして今度は白いカプセルをおれに渡して「飲んでみろ」と言ってくる。下唇にはさんで飲んだふりをしたが執拗にたしかめる。そうしているうちにバスの駅が開いた。とりあえずでかいカバンはロッカーに入れ、その中に大事な物も入れてしまい、カラのリュックだけを持った。

「What do you do today. ほんで今日はどーするん」と尋ねると、「パーティ」という返事である。

「どこで?」

「わからない?」

パーティするんはええけど、外でなんか絶対嫌である。まだここは雪があるのだ。まあ1日だけの辛抱やしこいつと1日だけ安いホテル泊まろか、と覚悟を決めた。もちろん奴は金を持っていない。15分ぐらい歩いてホテルを予約した。途中で奴はウイスキーとビールをしこたま買っていた。3時頃にはチェックインできるのだがまだ時間がある。すると奴はまた森の中に入って行った。そこでウイスキーとビールを飲みだし、「ファック!」の連発が始まった。「ファック!……ジャパニーズ!」とか怒鳴ってる。ジャパニーズは多分おれのことを言っているんやろうと思った。後で知ったがバンフは全域が国立公園なので外でアルコールを飲んだら捕まるらしい。そうとも知らず、おれは飲めないアルコールを無理やりロックで飲まされとった。

2時頃かなり雪が降ってきたのでホテルに行くと部屋に入ることができた。さあパーティの始まりである。でるわでるわ、奴の服から5種類ぐらいの薬がわんさかでてきた。そういえば出会う人はみなこいつは変な奴だとわかっているような目で見ていたし、奴も中学までしか行ってないので英文を書けない時があった。奴は立て続けにおれにしゃべりかける。が、さっぱりわからない。ＹＥＳ／ＮＯしか言えない。するとまた「ファック！」の連発である。奴はベロベロである。おれは無視してテレビを見ていた。すると奴がおれの太ももを触ってきた。

「ん？　なんや！」

手を振り払うとまた触ってくる。もう一度振り払うと今度はおれの目の前に立って膝まずいておれの股間に顔をくっつけてきた。

「なんじゃお前！」おれは奴の頭を必死で払いのけながら、「うぉーーＮｏ～～」としか言えんかった。

「ベッドに寝ろ」と奴が言う。こいつホモかい！　スーパーピ～ンチである。カーテンを開けると外は猛吹雪だ。これでは出たくても出られない。時間は10日の夜10時頃、今出たら死ぬ。

すると奴は3の錠剤1個とカプセル2個を渡して飲めと言う。

「これが最後やでな」

と言っておれはそれを飲んだ。奴はベロベロだったので倒れて眠りだした。かなりおれも疲れていた。しかし奴と闘っても負ける気はせんかったから少し仮眠しようと思い横になった。目覚めると夜中の3時頃だった。奴はまだ寝ていた。もうすぐ朝になる、そう思いながらまた目をつむった。しばらくしてまた目が覚めた。すると目の前に奴が立っていた。

なんと素っ裸である！　はえっ！　と思ったと同時に奴はおれのふとんに入り込み、おれにおおいかぶさって首から顔にむかって息をふきかけキスをしてきた。

「いぎゃあ！　うおおーーＮｏぉ～～！」と、そいつを突き飛ばして口を洗いに行った。

「Ｗｈｙ！」素っ裸で両膝をついて、両腕を広げ、日本語に直すと、「なぜ！」と叫んでくる。アホだ。なんでやとー。それはこっちが聞きたいわ。

「Ｗｈｙ?」おれも負けずに両腕を広げて言い返した。

「Ｙｅｓ！」まったく話が通じない。だめだこりゃ。奴は「お前はこのためにおれをホテルに泊めたんだろ」と言う。ちがうわい。

「お前はファックが好きか?」と聞いてきた。女となら大好きといいたかったけど、ややこしい文になりそうなので、「Ｎｏ」と言った。ちょうど時計は朝の4時だった。奴の出発のバスは4時30分だ。こいつはラッキー。「レッツゴー」と言った。が、奴はＷｈｙ?　と尋ねる。「Ｇｏ　ｂｕｓ、バスが行ってまうで」と教えてやったが、「バスはまだ後にもある」と言ってまた寝てしまった。

「このままじゃあぶない。にーげよっと」と思い、奴に手紙を書いた。『バスの駅に行く。おれはあなたが好きだけど、ここでお別れだ。これからは1人でホテルと仕事を探す。ありがとう、さよなら』。そして金が全くない奴はこの街から出られんかもしれんので枕元に20ドルを置いて、おれはホテルを飛び出した。

次のバスの時間になっても奴はこない。その次は午後5時だ。おれはできるだけバスの駅から離れた。しかしバンフはメイン道路が1本通っていてそこにいろんな店やホテルが立ち並んでおりとても小さい街なのでこんな朝早くにこの辺に立っていたらすぐに見つかってしまう。かといっておれは西も東もわからないし、店はまだどこも開いていない。とにかくどこでもいいから店が開いたらそこに入ろうと思った。

昨日奴はバンフの街をチェックすると言っていた。どうかホテルでずーっと寝ていますようにとおれは必死で祈った。

8時か9時だったと思う。ようやく店はいっせいに開き始めた。おれはKという土産物屋に入った。日本人の店員やった。ぶらぶら店の中を歩いてからおれはその女性の店員に尋ねた。

「ワーキングホリデーで海外に来ている男の人ってどんなところで働いているんですかねえ?」

「さあ……。こんなところじゃないんですかねえ……。よかったらここで働きませんか?」

「えっ！　ここでも働けるんですか?」

「今はまだ面接する人が来てないので、午後からでももう一度来ませんか?」

「いいですけども、僕いまちょっとホモに追われてるんで、うまく来れるかどうか……」

びっくりしている彼女にかいつまんで事情を話しておれは店を出た。そして結局午後になって無事に面接してもらうことができた

「なに。ホモに追われてるんだって?　それは大変ですね。それはそうと、あなたいつから働けますか?」

「いや。予定も何もないんで、今からでもいいですけども」

速攻OKやった。早速明日からその店の寮に入ることになった。バンザーイである。

店の人が親切にタクシーを呼んでくれたので、5時すぎにバスの駅におれの荷物を取りに行った。このときが一番緊張した。奴は確かカッターを持っていた。奴はビンボーである。奴の目は飛んでいた。人を殺したことがあるよ、と言っているような目であるが、あえてその辺は聞かなかった。ともあれ、おれはまあ無事にユースホステルに着いた。けれど、その夜は眠れんかった。フロントでお金を払えば毛布も借りれたのに何も知らんがために体に掛ける物がなく、自分の持ってきた服を1枚1枚足から掛けていって寝返り打ったら全部取れて、を繰り返し、ガチガチに震えながら夢の中では奴の顔がおれの顔の前に現れる。左フックをぶちかましたら夢だった。というような状態やった。でも、ようやく悪夢は去った。

あ、そうそう、いま思い出したけどバスの中でフラワーが紙に書いていたメモを、土産物屋の日系カナディアンの竜馬に訳してもらった。

「おれは今日マリファナを手に入れてうれしい」と、おれは勝手に解釈していたのだが少し違っていた。「おれは今日レジャイナの刑務所から出てきて、今、マリファナを探している」と書いてあったらしい。……お前さん、長い間のもやもやが溜まっとったんかい!

日本を出て、まだ1週間も経っていないのにめまぐるしく事件が相次いだ。そして偶然バンフの土産物屋に迷い込んだ。スタッフはみな日本で「フロムA」とかいう求人雑誌に応募して受かってここにきたらしい。そこで働いとったのが今のお前達のお母さんや。その時彼女は24歳。おれより４つ年上や。そう考えてみると、結局あのジョン・フラワーのおかげで今の生活があるわけや。

　バンフ。そこは、10人外を歩いていたら8人は日本人というぐらい日本人の多いとこやった。だから英語の勉強で来た人はここでは身に付かないといって他に行ってしまう。でもおれにとっては勉強になる。「はい、いいえ」しかわからんから、ちょっとした日常会話でもためになった。おれはいつの間にかこの街に腰を据え、気がついたらその店の人たちに助けられて銀行口座を作ったり、車まで購入していた。

　初めて自分で買った車は、１９８６年ＨＯＮＤＡ ＡＣＣＯＲＤやった。

　おれはその車を「江田島号」と名付けた。この土産物屋で働いていた淳君が車で彼女とアメリカを回って来た。淳君はそこで働いていた人にアメリカの話を聞いて車で旅に出たらしい。彼は国立公園の写真をおれに見せながらアメリカの各地の魅力を目を輝かせて語ってくれた。グランドキャニオンはもとより、１本の木を20人ぐらいが手を伸ばしてやっと囲めるようなヨセミテ公園の巨木の山。一面が雪に見える白い砂漠。そして死のモハーヴェ砂漠。隕石が落ちてそのために恐竜が絶滅したといわれているクレーター。２キロにもおよぶ長くて神秘的な鍾乳洞。そして広大な土地をドライブする優越感。そんな淳君の話に魅せられておれも絶対車で回ろうと決めた。

　紺色の江田島号はあちこち負傷していたが10万ほどかけて少しずつ直していった。さらに15万ほどかけてカーステレオを設置。まだ90パーセントの完成度だが、でもごきげん。江田島号の復活や。

淳君の話を聞いてから約1カ月後……。行ったわ行ったわ大旅行。1カ月で走行距離は5000キロ越えとる。まずは近くの国立公園ジャスパーに行き20カ所近い観光地を回った。みんな美しい所なので最後のほうは感動も薄れてしもたけどな。それに走行に疲れ果てて、晩飯に焼肉をハサミで切らなあかんよーなとこに入ってまうし、まあいろいろあった。けど、ジャスパー良かった。次、エドモントンにある世界最大のショッピングモール。でかかった。その次ラフティング。これは良かった。カナダに来てラフティングやらなきゃ意味ないと思った。

しかしこの1カ月間でおれはみんなの嫌われ者もえーとこやで。女子寮ではボロクソ言われとーし、みんな顔には出さんけど、おれのこと「人間が出来てない、まだまだ子供、八方美人、女心がぜんぜんわかってない、最低な奴……」と、腹の中では思っとった。おれが最初の日にこの店で運命の出会いをしたユウキちゃんにばっかり目がいっていて、周りはほったらかしとも言われた。そしておれがそんな陰口はどーでもええと思っているところにもっと腹が立つらしい。でもおれは彼女に惚れてるし、今はおれの一方通行かもしれんけど、いまにみとけ！

9月11日、実家から送ってもらったカウボーイハットかぶってカルガリーのスタンピード（カウボーイ祭り）に行った。カルガリースタンピードでは世界のカウボーイたちが集まってパレードやロデオを見せてくれる。インディアンの踊り、戦車見学、カルガリータワーからの夜景もなかなかおもしろかった。これで車をちょっと直して新しいＣＤが届いたら１００パーセントじゃい。その上彼女を手に入れたら、もう~すごいですよね、いいですよね。

13日、ユウキと夜中2時頃ESSOのガソリンスタンドにアイスを買いに行き、そのまま2人でドライブを楽しんだ。満天の星の下、付き合ってほしいと告白すると、彼女は「いいよ」と言ってくれる。顔には出ないけどもう気分は最高。けど、次の日夢のような気がしてならなんだ。土産物屋で働いていると、他のスタッフの女の子に「うまくいった?」と聞かれたので、「うん」と言うと、その日から女子寮には立ち入り禁止となった。Oh, rara。あらら~。

まあここまでがお前達のお母さんにおれが出会い、付き合うまでのおおざっぱな話やけど、あとはあんまりおもろないから次の話に行くぞ。カナダで9月まで6カ月間働いた後、土産物屋を辞めて、その後10月から3カ月間のアメリカ旅行に2人で出発する、その手前のとこからや。

第2の冒険の書「アメリカ編」

10月3日（火曜日）

長～い間日記を書いてないけどいろんなことがありました。そう、9月の10日ぐらいかな……。毎日マージャンやってほとんど寝ないで仕事をしていた。それから9月からはフミというカラオケ屋の店長をやっていたまともな人間が来ていたな。

ある朝トイレに行くと、しょんべんの後ちんちんが痛かった。「あれ、痛いぞ。まさかまた膀胱炎……。いや、疲れとるだけや」と思ったがしかし次の日も痛い。スタッフの春子ちゃんが、「りんごジュースは血をきれいくするよ」とほんまかうそかわからんよーなことを言ってくれた。その日から1日2リットルのペースでりんごジュースを飲んだ。マネージャーのヒロさんにそのことを話すと、「それは女からうつされたんや」と言う。

まさかと思いつつりんごジュースを飲みまくっていたら、15日の朝かな、ちんちんからうみがでてきた。

「えらいこっちゃ」

ヒロさんに報告したらとてもうけていた。でもドクターを予約してくれて男のドクターに明日診てもらうことになった。次の日予約の時間に行くと、なぜかそのドクターはいない。代わりのドクターは美人の女性ドクターだった。もう男辞めたいと思ったけど大事なとこの話やから、そのドクターに、「1週間ぐらい前から尿道が痛くて昨日うみがでてきた」と事情を説明した紙を見せた。ドクターはクスッと笑うと、「最後に彼女とセックスしたのはいつ?」「その時コンドームは?」と立て続けに聞いてくる。一応正直に答えたけど、「彼女は痛くもなんともないと言っている」と付け加えた。しかしドクターは、「たいていの場合この病気は女性からうつされるの。女性の場合痛みがでてこない人もいるのよ」と言う。そしてその後に、「あなたのペニスに綿棒を入れて検査をしないといけないですが、お嫌?」と聞かれた。そーなることはヒロさんに聞いて知っていたが、まさか相手が女のドクターとは……。

おれがパンツを脱ぐと、美人ドクターはおれのちんちんをつかんだ。もちろん手袋をしてはいたが。それから手元にある綿棒を見て、「Oh, too big」つまり綿棒が大きすぎたと叫んだ。イコール、「おれのがちーさいちゅうんかい」と思った。美人ドクターがやっと探してきたもっと小さい綿棒が、おれのペニスの穴に入っていく光景といったらもうサイテーじゃった。しかも、イタイ、イタイ、とーても痛かった。やっと検査が終わると薬をくれて、「明日彼女を連れて来なさい」と命じられた。とても恥ずかしい思いをしたが、なんでこんな複雑な会話ができたんか自分でもよくわからん。海外旅行保険を使えるらしいけど、そんなんで使いたくないわい。でも後でお金が返ってきたから、多分使ったんやろう。受付の女の人たちにもクスクス笑われたで。さらにもらった薬を飲んだら、これがめちゃくちゃ強い薬で、「アカン。もうつかいもんにならん」と思うぐらいやった。それでもまだすっきりせずどこか変やった。まあ結果的にいうと前立腺炎でおれは菌が入りやすい体質らしい。マージャンで疲れとるときに菌が入ったんや。

そんなトラブルもあったけど、一応病気も治って10月3日の12時にみんなに見送られてアメリカ旅行へ出発したんや。まずスタッフのフミ君がここに来る前にいたカムループスに向かう。途中渋滞に遭うが何とか7時間かかって最初の宿のモーテルに泊まった。ケンタッキーを食べながら夜景を楽しんだ。翌4日、ハイウェイを走りながらここではロッキーの山々がないなと思った。ともかく同じ景色を2度見ることはない。バンクーバーまで5時間の途中で、いままで経験したことがないような大雨が降ってきた。ワイパー傷んでぜんぜん仕事してくれん。ハンドル取られるし前は見えない。かなり神経をつかう。が、バンクーバーに着いてからの車の量に日本を思い出した。初めて来たので道もわからず2、3度事故りそうになる。モーテルもわからん。

疲れもピーク。今日は高いがホテルに泊まった。その後街に寿司を食いに行く。めちゃめちゃ食べた。

5日。朝インフォメーションで安いモーテルの場所を教えてもらう。翌日にはシアトルに行く予定だったが、近くのスーパーがでかくて安かったのでもう1日泊まる。

6日。朝からでかいスタンレーパーク公園と世界最大のつり橋とやらに行く。あと日本食屋でメシ食べる。しかしこの街も日本人が多いとこや。明日こそUSAやで！

7日。国境でたくさん質問されたわ。車でマイアミの方まで行くというのにどーも納得いかない様子。しかもなんでおれにばっかり聞くんじゃ。でもまあ彼女がおったから3カ月のビザをもらったけど金もとるとは。ここでおじいちゃんにカナダに来る前に50ドルほどUSドルでもらっていたのが役に立った。

そしていよいよUSAへ。最初の町シアトルに着いた。宿はクーポン券をハイウェイで手に入れたのですぐ見つかる。それから2人で街を歩いたけどやっぱりカナダとはぜんぜん空気、雰囲気が違う。ユウキは楽しそうにしとるけど、おれは緊張しまくり。変な奴を見るたびに「来るか!」と思ってまう。でも海がすぐ近くでとても美しい所だった。次の日はポートランドという所。シアトルより緊張して寝れんかった。翌日ナイキタウンに行ったがアウトレットストアで靴を買う。その日も眠れず。テレビで『ブレイブハート』を見る。

10日。今日からは西海岸を走って有名なキャノンビーチに向かう。久しぶりの海で感動したけど天気悪いし寝不足やしモーテルも高いし、そのまま南に向かう。途中小さな街にモーテルがあり、安かったのでここに決定。今になって淳君たちが「カナダに戻ったら気が抜けてボーとした」と言っていたことがよくわかる。たしかにおれもそーなると思った。今日はよく眠れそうや。

11日。久しぶりにいっぱい寝た。スーパーでおばちゃんに郵便局を教えてくれといったら車で積んでいってくれた。でも帰りは歩きやった。明日は土曜やから月曜まで荷物はいっぱいや。

12日。今日はイライラしとった。雨降るし、朝から時間に追われるし、トラベラーズチェックを現金に換えてないから物も買えん。おまけに土曜やからどこもいっぱいで泊まれへん。わかっとったのに何もせんかった自分に腹が立った。「何の目的で今ここにおるんやろ」と悩んだ。なんとか安いとこが見つかったけど時間と泊まる所、買う物、行く所に追われたくない。人に頼ったら頭の働きもにぶくなるし、物事もうまく運びにくいこともわかった。今日は正直「1人やったら楽やったかも」と思う日だった。

13日。今泊まっているモーテルの少し南に波が真下にまで打寄せてくる所がある。道路のすぐ横が断崖絶壁ではるか下の方からものすごいしぶきを上げて、1波でジーンズの下のパンツまで濡れてしまう。今日は波が強かったんか知らんけど、久しぶりに感動した。明日こそ荷物を送ろうと思ったけど、コロンブスｄａｙとかいうわけのわからん休日や。翌日も最悪。何のためにここオレゴンコーストを選んだのか。けど、新しいワイパーにしたし明日荷物も送るし、やっと晴れた日がやって来るか。

15日。ハッピーバースデイ。今日はユウキちゃんの25歳の誕生日である。プレゼントは何もないけど来たで来たで、今までの気分ぶっとばすぐらいの晴れた青空。そんでもって今日走った道路が今までで一番美しいと思う海岸線。もう最高。風に吹かれてぶっとばす車。そして耳からはおれの大好きなこの時のために用意した音楽がガンガン。今までの天気や気分の悪さはこの時の感動のためにあったと言ってもおかしくない。もう思い残すことはない。

16日。今日とうとうカリフォルニアに入った。何か州の境目で変なオヤジにいろいろ聞かれて頭にきたけど、途中から1号線に入って山道を抜けて海岸線に出る。感動や。悪いけど昨日のオレゴンをしのぐ美しさ、気持ち良さ。カリフォルニア最高やという気分にさせられた。右はすぐそばに海、しかもガケっぷち。左は草原、見渡す限りの草原。そこに牛が、馬が、羊がいる。おれは音楽聴いて窓から体乗り出して「うおおー」と叫んどる。はたから見たら精神病にしか見えへんと思う。ユウキは隣で何十回と同じ曲しかも歌詞の全くないレースゲームの音楽を聴かされ、生理でくたばっとる。おれはそんなのおかまいなしや。この旅だけは譲れへん。おれの好きなようにやらしてもらうで。

そして次の日、残りの1号線を走ってサンフランシスコに到着した。今日も昨日に続いて快晴。しかーしこの日のサンフランシスコの街はホテルもモーテルもとても高い。そのうえ坂が多くて困る。並の坂とちゃうで。ちょっとアクセル踏んで走ったら絶対飛ぶような坂や。壊れてもええ車やったら絶対楽しいと思う。メチャメチャ飛べるで。あ、そうそう途中治安の悪いとこ通ったけど怖いのいっぱいいっぱいおるし、やっぱりアメリカあぶないと思ったわ。

18日、今日はUS101を通って、ロサンゼルスに続く1号線に入った。しばらく走って見えてきた海は今までとはまた違った海岸線やった。水の色がすべてブルー、メチャクチャきれかった。多分深いんやと思うけどユウキはここの海岸線が一番気に入ったみたい。今日で海岸線も終了。ピズモビーチで泊まる。明日はヨセミテの方に向かう。

20日。いよいよヨセミテ、セコイアを1週間かけて回るため、フレズノに向かって走りだした。途中41号線に入ってからかな、もう右も左も見渡す限り、短い茶色の草の生えた荒野の砂漠で、まるでマッドマックスの世界やった。すごかった。こんな所水なかったら生きていけへんよーな所や。またひとつ、でかさを知った。フレズノで1週間泊まると言ったら1日30ドルにしてくれるとこがあった。キッチンもあるけどあとは何もない。しゃーないから皿とか包丁やなべを買いに行ったけど安かった。食べ物もメチャ安い。

21日。ついにやって来た。18日間かかって初めての国立公園ヨセミテ。ここはでかい岩の山や木や滝といったまあカナダと似たような自然がきれいなとこ。すばらしい天気やった。とりあえずヨセミテですごいと思ったのは帰りに絶壁の岩山を登っていたロッククライミング野郎や。パトカー、救急車、ヘリコプターその他大勢の人々が見守る中、1000メートル以上の岩山を登っていた。けどアリぐらいにしか見えん。カメラはズームがない。昼の2時を過ぎているがまだ山の半分ぐらい。絶対1日で登れんぞ。さすがアメリカやな。

22日。行って来ました、セコイア国立公園。あるわあるわ、超木というか、もうほんま神木だらけ。1000年、2000年、中には3000年生きている奴もおる。自分はアリで車は小人みたいな感じ。木のことを書いたらごっつい長くなるからやめるけど、とりあえず人の一生なんてこいつらからしたら屁みたいなもんなんやなと思わされた。けど昔はもっとたくさんあった木をここまで減らしたのはやはり人間だった。

26日。今日はおれの21歳の誕生日。この日をアメリカで彼女と車で旅をしている時に迎えるとは！　1年前には想像もできんかった。

27日。西海岸最大の都市ロサンゼルスは治安も悪いけど車も多かった。だいたいどこに片側6

車線もある道路があるんじゃ。車の運転はみんな荒いし怖い怖い。今日はハリウッドに泊まる。

翌日はユニバーサルスタジオに行った。久しぶりの遊園地でユウキに顔がぜんぜん違うと言われる。日本人も多い。アトラクションの中にバックドラフトという大火災が目の前で起こり炎がすぐそばまでくるのがある。それが終わり外に出たら順番待ちの人がみなおれを見る。おれだけ顔が真っ黒やった。そういえば途中上から雫が垂れてきたので水やと思って手で拭いた記憶がある。みんなどんなとこ行ってきたんじゃというようなまなざしやった。

次の日はチャイニーズシアター。いろんな有名人の手形、足形のある所。この辺は中国人が多い。その後ビバリーヒルズへ行ったけど、ええとこや。金持ちばっかり。

30日。デスバレーの手前のローンパインという所で4日泊まることにしたけど1泊28ドル。一番安かった。

31日。今日は子供たちのお祭り、ハロウィンの日である。ランドリーへ行っただけ。

11月1日。デスバレーに行く。兵庫県より少し小さいくらいの砂漠がカリフォルニアとネバダ州にまたがっている。11月だというのにまるで夏。でもとても気持ちよかった。そのデスバレーやけど、ここもごっつかった。自然が創りあげた岩や山、砂漠。じつに広大であり、どれを見ても感動するものがある。こんなとこに住みたいとは思わんけど。走りながら、「これが最初で最後かも」と思うと鳥肌が立ってきた。もちろん青空一直線、景色最高、気持ちよい風、ぶっとばす車、ユウキ、それで『バックトゥザフューチャー』の音楽がそろっとったからやけど。同じカリフォルニアでも場所によってはぜんぜん違うと知った。

2日。ぶらぶらドライブしとったらアラバマヒルズとかいう変な岩がごろごろ寄り集まってできたよーな山が見え、感動した。特にユウキは。明日から1週間天気ええらしいから、予定変更。ラスベガスはとばしてグランドキャニオンに向かう。

3日。走った走った。走行距離約600キロ。2つの州をまたいで走り、グランドキャニオンまであと3時間ぐらいの町に泊まる。

4日。とうとう今日「いつかは行ってやる」と前から思っていた所、自然が創った大峡谷グランドキャニオンに行った。すばらしかった。ここはただ山が削れて赤い色の谷が広がっているだけと思う人もいるかもしれん。それでもごっつい景色に圧倒されるけど、ここの良さは夕日に照らされた時と、朝日に照らされた時、というより日の出後3時間と日没後3時間や。これはほんま美しい。ごっつい、イッてまうちゅう感じや。今日日没を見に行ってきた。夕日が照らし出す光景は千変万化、この世のものとは思えんぐらいきれかった。日によって違う景色、季節によって違う景色、でもどれも鳥肌が立つぐらいすごいと思う。明日は朝5時に出て日の出の姿を見に行くつもり。これは写真で見るより実際に見なあかん。写真ではどんなプロでもこの美しさすごさを写すことはできん。これだけは言い切れる。ピンクとブルーの空と雲。土の香りや肌で感じる風……。今日の光景は何ともいえないぐらいだった。ありがとう。

5日。朝5時再びグランドキャニオンに向かって車を走らせた。7時前、東の空は太陽は出てないけど雲が光をうけて赤っぽくなっている。その光が強い所と弱い所とでは色がまた違うのを2人でブランケットかけて見た。他のたくさんの人たちも黙って空を見ていた。寒いけど美しい。2人見てよかった。けど、太陽が出てくると、そんなにすごいこともなくランドリーに行った。2人とも日没後の方が好きだった。しかしここは日本人が多い。修学旅行バス4台で来たり新婚で来たり。

6日。昨日の夜、先のことを計算したらピンチになってきた。このペースだと帰る頃は年末年始で、場所はフロリダ。飛行機代も高いし、いちばん混む時期に帰ることになる。というわけでラスベガスでもう一度相談して決めることにした。今日はグランドキャニオンと同じぐらい見たかったアーチーズに向かって走った。そして同じぐらい通りたかった道、US163を通って来た。今、毎日が勝負である。おれの頭の中は快晴を願う気持ちしかなく、もし今日が雨だったら、これから先ボロボロになっていただろう。US163—US191は、「これぞアメリカ」というぐらいのすごい光景を見せてくれる道である。今日までのところは天気に感謝しています。でも今週晴れないとここに来た意味がなくなる。がんばってくれ。しかし今日泊まる所はメチャ寒い。ユウキもカゼひいた。

7日。アーチーズのすぐそばの町モアブ。ここはキッチンもレンジもあり、安い値段なので3日泊まることにした。ユウキのカゼはひどくなっており、頭がボーとしているらしいので今日はドライブになった。コースはアーチーズ公園の右側の道US128を通った。これがまたキョーレッツで、昨日の道をしのぐすごさ。道は小さな峡谷の谷底を走って荒涼とした風景、大西部のイメージそのまま。もうサイコーにええ気分。ユウキはくたばっとる。

8日。アーチーズ。映画『インディジョーンズ』の最後の聖戦で最初に出てきたアーチたちを撮りまくった。そして2年近く世話になったGTホーキンスの靴をダブルアーチの上にサングラスといっしょに置いてきた。いつかまた来た時に残っていることを祈って。あとUS163で車を買った時からあったカルガリーと書いた砂袋も置いてきたしこれでおれの任務も完了した。アメリカで全ての運を使いきろうとしていたけど、ほんまにええことばっかりで、帰ったら死ぬんちゃうかと思ってまうぐらいや。ロッククライミングもどきもやって今日は握力ないし、トレイルとはいえへんよーな岩山トレイルを8キロ歩いてくたくたや。テレビで『ロッキー2』と『ロッキー3』をやっていた。燃えてきた。

9日。アーチーズの近くにあるキャニオンランズ。ここはオフロードのメッカらしい。そしてここからの眺めはグランドキャニオンよりすごいかもしれん。というのも柵も何もないから断崖絶壁の上に腰掛けることが出来たんや。その後アーチ公園のメインともいうべきデリケートアーチというのを片道2・4キロのトレイルを歩いて見に行った。すばらしい。きれい。なによりも、時間がゆっくりと止まったように感じる。夕日が沈む時がやはり美しく、多くの人々が何もかも忘れたようにみな黙ってアーチを見つめている。もう書いてもムダ。これは見んとわからん。でもしんどい思いをしても来てよかったと思うことは間違いない。何億年もかかって出来たアーチたちには人の心を和ませる何かがあった。

10日。モアブから走って走ってセントジョージまで来る。いよいよ明日はラスベガス。気合入れて行きたいけどカゼひいてもた。

11日。あるわあるわ、でかいホテルに巨大カジノ。1週間の予定でおれたちはカップルやけどファミリーに人気のサーカスサーカスホテル&カジノに泊まる。いままでで一番豪華なホテルやけど1日32ドル。メチャ安い。けど週末は100ドルぐらいに跳ね上がる。結局5日間泊まることにした。部屋に着くとすぐにカジノへ。あっちゅーまに120ドルほど負ける。旅の予算は1日70ドルまでやのに。次の日はホテル街を歩いて5セント（約5円）のスロットで時間をつぶす。夜中12時すぎまでスロットをしたのがこたえてカゼはひどくなる。

翌日。11時頃朝メシ、4時頃までカジノ。今日もマイナス。体ボロボロで部屋で寝る。明日はロッキーあるし絶対にカゼを治す。キノっていうビンゴみたいなゲームはおもしろい。けどここはジジババ多い。このアメリカを旅するにあたって、おれはなめられない為に丸坊主にしてヒゲを生やした。にもかかわらず、ここでは16歳に見られ、毎回パスポートを見せている。パスポートの顔とは全然違うから、いつも両替には時間がかかる。

14日。朝そのキノでユウキが4ドルで260ドル当てた。やりやがった！ その日はもう体もいうことをきかず、鼻水、なみだ目、頭痛でボロボロです。でもここでコンタックという日本にもある薬を買って1カプセル飲んでしばらく寝たら復活した。とんでもなく効いた。明日に全てをかける。

15日。今日はカジノ最終日。カジノ代は1日100ドルに決められとったけど我慢できずにかなりオーバー。ユウキに怒られると思いながら5セントのスロットに行ってみると、ベルが鳴って、店員がやって来て、ユウキが金もらってる。4500枚も出して225ドル。5セントのスロットやから最高額や。当てやがった。すごい！　ちょっと頭に来た。それからユウキはちょーし乗りやがって、「これはもうでないよ」とか「これは絶対怪しい」とか一流のギャンブラーきどり。おれの方は、まあおかげで少しのマイナスですんだ。いやあ、カジノはおもしろい。

16日。朝ラスベガスを発つ。また来たいと思った。ユウキは相変わらず調子に乗ったことばっかりほざいとるし、おれは全然勝てんかったからボロクソ言われるし。途中建設中に100人ぐらい死んだフーバーダムとかいうのを見てキングマンに泊まる。次の日は洗車日。

18日。メテオクレーター。それは今から約5万年前、直径30メートル、たった30メートル程度の隕石が時速72000キロで地表に突っ込んで、周囲160キロの動植物を死滅させた場所や。おれはごっつい感動しとる。ファイナルファンタジーや。メテオや。けど、ユウキはノリがいまいち。なんでじゃー？　生理前かな？

19日。運を使い終わったんか知らんけど、2人とも体の調子がおかしい。ユウキは今は普通らしいけど2日前にこげ茶色のおしっこが出たってゆーし、こっちは血尿っぽいし、一番心配なのはユウキの生理の遅れ。別に妊娠はかまわんけど、健康な子供かどうかが不安。まあ大丈夫やろけど、日本に帰ったら医者に行った方がええな。今日泊まったモーテルには小さいゴキブリがおった。ニューメキシコに入ったしこれから暖かいから当然といえば当然。明日はホワイトサンズの近くに泊まる予定。うおー生理カモン！！

20日。ホワイトサンズのちょっと向こうにアラモゴルドという町がある。そこに行く途中、検問みたいなのがあった。おれはてっきりトラックの重量を量る所だと思って、たまたま前がトラックやったから無視して横から行こうとしたら、ポリスに変な顔をされ、笛を吹かれて「戻れ！」と手で合図される。そしておれの順番が回ってきた。さあ、たいへん。でかい警官がサングラスして銃を腰にさして弾だらけのベルトをして、「何でここを避けよーとした」と聞いてきた。動揺もしていたので全く単語も浮かんでこーへん。

「あ～トラックー」（両手でトラックをイメージする）

「あ～、あ～」（ユウキの方を見る……回答なし、警官の方を向く）

「とらっく～」

「あ～～」（目をつぶって顔を下に向けて左右にふりながら単語を一生懸命探す。警官の顔を見る）

「とらっくう～」（手はいつも四角）

「Ｔｒｕｃｋ　ｏｎｌｙ?」（トラックだけだと思ったのか？）

「Ｙｅｓ！　ＹＥＳ！　いぇ～す！」

と、思わず3回も言うてもた。心の中は「やった！　通じた、通じたで！　よかったあ」。次からは気をつけろと言われ何とか通れた。

町に着いてモーテルも見つけてランドリーも行ったがまだ4時頃なので夕暮れの時のホワイトサンズを見に行く。すばらしい！　見渡す限りの真っ白な砂漠。雪と間違えてもおかしくないぐらい真っ白。そんでもって砂はサラサラでつめたくて気持ちええし、誰もおらんし、裸足で走りまわった、走りまわった。途中ユウキの髪の毛とおれのちち毛を埋めて、名前書いて、夕日が沈むのを見学。これがまた最高。白い砂漠に寝っ転がってブルーとピンクの空、朱色の雲、月を眺めながら時間を忘れてボーっとしとった。とてもゆっくりとした時間が流れていた。よかった。何かロングジョンシルバーとかいうファーストフードの店に行ったけど、くせになりそーなほどうまかった。そうそう検問の近くに軍の基地か何かがあるよーでステルス戦闘機が飛びまくっとった。感動した。だから検問があったんや。

次の日は昼間のホワイトサンズ。結構暑かった、おかげでちょっと焼けた。旅の予定はフロリダからカリブ海に行く予定やったけど無理かもしれん。何もかも高すぎる。リゾート地だけあってオフシーズンでも1泊70～80ドル。高い所なら3日で2000ドルとか。とてもやないけど、行っても指くわえとく以外できひん。11月から4月にかけては世界中から暖かい所を求めて人々がやってくる。こっちは1日70ドル。絶対不可能や。まあとりあえず次の目的地カールスバットで決めよかな。

22日。カールスバットに着いたのは午後3時頃。2軒ほどキッチン付きのモーテルがあった。1つは、いくら呼んでも出てこないのでもう1つのサンタフェ調の建物の所に行った。そこのお姉さんはこっちは3日ほどでいいのに1週間を勧めてくる。理由は1週間泊まる方が安いから。極端に違って3日だと1日35〜40ドル。1週間だったら1日15ドルもせーへん。ユウキはどっちでもええ言うし1週間泊まることにした。しかーし、一応部屋を見せてもらってアパートみたいな感じやったけど、テレビなしトイレットペーパーなしバスタオルだけ。このへんは許したけど、ベッドに毛布ないし、夜になったら変な動物がガサガサうるさいしキッチンにゴキブリは集結しとーし（小さいけど）、シャワーぬるいし、ユウキは1週間持ちそうにないと言い出した。

23日。カールスバット洞窟。ようこんな砂漠にこんなくそでかい洞窟ができたと感動。中に入ったら気持ち悪いけど美しい鍾乳石がいっぱいある。話は違うけど多分アメリカに来て一番感動したのは、電気工事の人たちに対してかもしれん。どんな砂漠地帯でも峡谷でも山でもそこに町や村や観光スポットがあるかぎりそこまで電柱を立て続け、電線を引っぱり続けている。どんな所でも。よーこんな所にと思うぐらい危険なとこに立っているのもある。この洞窟もその1つ。ここまで人が見れるよーにするまでどんだけの苦労があったことか。カールスバットは夏だったらコウモリの大群も見れる所やけど、それが見れへんのだけが残念やった。モーテルに帰って来た。晩ご飯が終わってしばらくすると、またガサガサ音がする。近づいていくとオーブンの中からしてくる。マグライトで少し中を照らしたらちーさいねずみがいた。ガサガサの原因はチュー太だった。2人とも少し安心して今晩は寝れそう。けどタオル変わってないし、毛布ないし、やっぱり何もないまま1週間すごすのかな。けどオレにはちえがある。ちえをしぼっていいアイデアを考えよう。

24日。寒い。ブランケットと寝袋を上にかけて寝たけど昨日の晩はめちゃ寒かった。朝、「生理こないねえ～」とユウキが言う。むねをさわると、もともとないけど張りがない。今日で1週間以上遅れとーし、もうできたと判断。さっそくこれからの予定を考える。どちらにしてもラスベガスの方にもどってカリブ海の方はあきらめる。あと帰ってからすることを考えなければ。これからとても忙しくなりそう。80パーセント以上自分は父親になるんだと思いちょっとあせる。とりあえずあと5日ゆっくり考えよう。

25日。買物がてら妊娠検査薬を買ってきた。これがまた高い。説明の英文を必死に解読していたらユウキがおなか痛いと言う。トイレに行ったら生理が来とった。けどだまされへん。妊娠しとっても1～2日の生理みたいなのがあるらしいし、いつもやったら泣くほど苦しがるのに今回は笑いがでるほど余裕、しかも量も少ないらしい。

26日。今日も生理は続いている。検査結果も大丈夫。けどまだ安心できん。あと1日続いたら間違いない。今日はどこも行かずにボーとしとった。晩飯に焼きそば作ったけどめっちゃうまかった。やっぱり料理は愛情？　これから先はやっぱりカリブ海の方はあきらめて、ラスベガスにもう一度行って、カナダに戻ってから日本に帰ることになる。でも計算してみたら、本当はないといけないはずなのにいつの間にか消えてしまった金が200ドルぐらいあった。いったいどこで消えていたのか。まあそれも含めて計算すると、短くてもカナダに16日はおれる。この先節約すればもっとおれる。今日はどこも行ってないから、はやくもプラスやで！

27日。昨日のプラスが0になってもた。買物行ったらクリスマスフェアーやっとって、調子乗ってクリスマスセット買いまくってもた。明日は飾り付けしよう。明日はサンクスギビングデーとかいう休みで、アメリカではクリスマスに次ぐでかい休み。店もほとんど閉まるし、どーせどこも行かへんし、トランプとチップも買った。もうすっかり気分はラスベガス？ ユウキの生理……来たがいや！ これで妊娠してないことがはっきりした。しかしこのアメリカちゅう国はでかい。ラスベガスのへんは半袖やけど、ここの今日の日中の温度は3℃。日本やったら冬。もう寒い、寒い、寒いけどキッチンにはゴキブリのフンがいっぱい。おれは最近太った。おなかでてきた。このままでは脂肪だけのでぶでぶになる。運動や、腹筋や、腕立てや一発や……。

28日。昨日買ったクリスマスセットを車に飾った。かわいくなった江田島号。今日はどこも店開いてないからユウキにトランプ教えたり、手紙書いたりしとったけど、いよいよここも今日でお別れ、明日はレッツゴーや。なんか2人ともウキウキでなかなか眠れん。今日の晩飯ステーキやったけど、ごはん食べた食べた。2人でなべ1杯食べてもた。その分ウンコも出るだろう。

29日。さあ出発。朝寒いけどぜんぜん元気。9時に出た。そんでもって今日は走った走った。600キロぐらい走った。途中雪も降ってきた。今日泊まるグランツという所はマイナス3℃。

寒すぎる。こんな寒いんやったらカナダなんかとてもやないけど行けん。でも今日のモーテルはエアコン、トイレットペーパー、テレビ、布団、タオル、すべてOK。2人ともとても幸せ。朝方カールスバットを少し過ぎた辺りで検問があった。何かわからんけど3度目ともなるとパターンはわかる。パスポート見せて、カナダで取った免許見せて、ちょっと時間たってOKとなる。けどこっちのポリスはかっこええし怖いし、何回会ってもキンチョーする。しかし検問多い。しかも飲酒とかシートベルトの点検じゃなさそう。わからんけど。でも日本では少しぐらいのことはこらえてくれるけど、こっちは厳しい。今のおれはパスポートの写真と全然違うからいっつも顔と照らし合わされて時間がかかる。期限まであと10年もあるのに。

30日。ハイウェイに凍結防止の薬をまいていても、雪がまだ融けずに凍っている個所がある。あたり一面雪かと思えば少し走ると雪なんて全然なくなる。標高が違ったり山のあるなしで、えらい変わるこっちの気候。さすがに疲れた。ハンドルを何回もとられるし、こんなんでカナダまで行けるんかいや。無事ウィリアムズまで着いたけど寒い。3回目の同じモーテルともなると受付の人も顔を覚えとるみたい。今日は土曜で人は多いけど、メシ食う所は少ない。レストランに行って2人でスパゲッティ食べたけどまずい。

アメリカに来ての教訓。

その1　ヘタなレストランで食べるよりファーストフードの方が安くてうまい。

その2　ヘタなレストランで食べるより作る方がうまい（インスタントラーメンなど）。

その3　ヘタなレストランで食べるより高くてもうまいレストランの方がよい。

これはそのとーり。今まで何回もそういう思いをしてきた。

11月1日。いよいよ2度目のラスベガス。2度目ともなるとチェックインの仕方や、町の地理もバッチリや。

2日。ベガスのダウンタウンは夜中でもフラッシュなしで写真が撮れるほど明るい。そこで2人のキーホルダーを作ってもらい初めてバスに乗って帰って来た。運転手がずっとしゃべって楽しませてくれる。その後一応メシも食って、今日使える金もないしカナダで働いていた店のフミ君に道路状況と気温を聞こうと寮に電話した。ほしたらそんなことゆーとれん状況になった。江田島号の保険がこの月の7日夜12時にきれる。その後でもし捕まったりしたら、200万の罰金か1カ月の刑務所。ピーンチ！　7日まであと5日。急いで戻らなあかん。車売ることもできるけどなんとなくバンフに帰れと頭に命令がくる。よー考えたら、ラスベガスに戻って来たのもこのためかもしれん。何もかもタイミングがよすぎる。ありがとう。そして明日帰るとなったらカジノやりまくる。そう思ってブラックジャックとルーレットをしに行った。頭にくるで、あのブラックジャックのディーラーババア。大体今回の旅で「Ｆｕｃｋ　ｙｏｕ」（くそやろう）は3回以上言われるし、スーパーでババアに「Ｉ　ｈａｔｅ　ｙｏｕ」と意味はよくわからんけどみなの前で言われるし、アメリカちゅう国は自然はごっついええなと思うけど人々はどうも好かん。みながみなそんな奴ではないんやろうけども。このディーラーのババアもそうや。偉そうにしやがって！　もうええわ、はよ負けてルーレットに行こう。そう思ってテーブルにチップを置きっぱなしでゲームをしてたら、３分ほどで20ドルが１００ドル越えた。調子ええで。次はもう20ドルでルーレット。これがまた気持ち悪いぐらい当たる。最後の方は、楽しませてもらったので別になくなってもええと思い、全額黒に賭けた。もちろん最低金額レベルでの話だが、周りの人は「本気か」とか「怖い」とか言ってみんな集まって来た。ディーラーも信じられない顔だが、これがまた当たる。みなおれのとこに賭ける。でも実は終わりたかった。明日朝早いからもう寝んとあかんけど、チップの変え方とかその単語がわからんから全部なくそうとしとるのに。結局隣の人が言っている言葉を盗み聞きし無事ゲームを終わることができた。当たっても「イエス」しか言えんかったけど、ものすごく楽しめた。

３日。さあ今日は出発日。昨日夜1時頃までカジノして、その後興奮して寝れなんだ。ロビーにキャンセルしに行ったら、残りの金が全部帰ってきた。ラッキーやったのに帰る前にもう１回だけとカジノしてもーたのが運の尽き。最後に「調子乗るなよ」とクギをさされたかのように全てなくなった。昼カナダに向かって出発。そして着いたのはユタ州のＮｅｐｈｉとかゆーとこ。もっと行きたかったけどもう夜になってもた。今日はめっちゃ疲れとる。明日は朝8時30分出発。周りは一面雪だらけ、ほんで寒いの20乗や。でもバンフは寒いの１００乗ぐらい。前はマイナス３０℃いったらしい。昨日は半袖やったのに。フミに電話する、「バンフは雪いっぱいだよ。道路も凍ってるし。でもタイヤはオールシーズンでしょ？　なら多分大丈夫」。もうこのまま行かんと間に合わんし、いまさらどーすることもできん。今日は約550キロほど。あと4日以内にバンフに行くんじゃーー！

翌日は運転して初めて840キロも走った。アイダホ州を越えてモンタナまで来る。もう道の上も雪でいっぱい。凍っている。メチャ寒い。ここで最後の買物。ジャンパーみたいなのを50パーセントオフで売っていた。2人とも同じのを買う。あったかーい。あったかーい。これでカナダもばっちし。明日はカナダのカルガリーまで行く予定。また800キロコース、しかもボーダーラインもある。車の心配もある。うまくいきますよーに。

5日。まさかこんなとこで英語がしゃべれないのが役に立つとは思わんかった。例の如くカナダに入る時もそこでいろいろと質疑応答がある。その建物の中に入るとクリスマスの準備をしていた。アメリカに入る時ほどの緊張感は感じないけどやはりピリピリする。質問が始まった。

「どこに行く？」

「バンフです」

「何をしに？」

「友達に会いに行きます」

「カードは？」

「僕は3000ドルで彼女がビザカード」

これは文章になっているけど、実際は単語だけであとは指差したり身振り手振りのボディランゲージよ。で、ここまではとても真剣な会話やった。なんちゅうてもおれに全部質問してくるし、横向いて助けを借りられるような雰囲気でもないし、ほとんど文章になってないから、このままやったら車やら荷物やら調べられる感じに思えた。

そして質問は続いた。

「友達はどこで働いている」

「おみやげ店です」

「カナダでは仕事は何をしている」と、聞かれた時やった。おれも同じ店で働いていたけど、もう辞めて今は何もしていない。だから仕事はしていないと言いたいけど、単語がわからん。仕事は終わったと言おう。終わるは、フィニッシュや。そう思い、「フィニッシュ！」と答えた。

するとと相手は突然にこやかになり、「オー。フィッシング！」と手で釣りの格好をした

「えっ。いや……」

頭の中では必死に、いいえそうじゃないんです。と文章を作ろうとしているが、おれが頭に浮かぶ単語を訳している間に、「ＯＫ、ＯＫ。行っていいよ」と言われてしまった。

こんなこともあるもんなんやとつくづく思った日やった。そして今日は８００キロ以上を11時間かけて走った。カルガリーに着いた。明日はすぐにバンフ。ここまで来たら行動もとりやすい。物は高いけど空気が違うのがわかるからボーとしてまう。なんか安心。アメリカ、今考えたら短かったけど、ずいぶん長い旅だった気がする。すばらしいものをみせてもらった。ありがとうご

ざいました。

6日。久しぶりにヤムチャを食べてバンフに向かう。バンフに着いて「なつかしい」と思ったのもつかの間、すぐに保険会社に3カ月の保険があるか尋ねた。が、ここアルバータ州は6カ月か1年しかない。保険は明日で切れる。でも明日は土曜日。今日中に売るか更新するか決めないとダメ。しかしラッキーなことに自分の入った保険会社は明日も開いているらしい。保険会社の人はとても親切だった。それからモーテルを探す。始めに入ったモーテルのお姉さんはキッチン付きのモーテルをインフォメーションに電話で聞いてくれて「ここに行って見たら」と案内のメモをくれた。バンフだけかもしれないが、カナダの人はアメリカにくらべてとても親切でうれしかった。でもこのモーテルは高すぎる。車を売るなら1週間はおらんとあかんけど、週７００ドルと1日予定額をはるかにオーバーすることになる。２人で相談してその日は車で泊まることにして夜、土産物屋の寮に遊びに行った。久し振りの再会に話もはずむ。夜中1時すぎに寮を出た。「泊まっていき」と言われたが明日の午前中に保険会社に駆けつける必要があるので辞退した。保険会社はカルガリーにあるので3時間ほどかかる。車の中では全然寝れなんだ。

朝8時30分行動開始。ラスベガスからまともに寝てないので疲れは限界。コーヒー飲んで10時に保険会社に入ったら5分で終わった。一応保険に6カ月入ることにした。１週間バンフに泊まるより、保険に入る方が安い。この先の予定としては、バンクーバーにもう一度行って残りの１カ月を過ごしてそれから日本に帰ろうと思った。起きてからまたバンフの方に向かったが、その少し手前のキャンモアという所でとにかく高くても1泊してゆっくり寝ると決めた。キャンモアのAKAIモーテルに入って値段を聞くと、「65ドル。けど今は人が少ないから45ドルでいい。そうね、1泊なら40ドルでいいよ」とおばちゃんが言ってくれた。中に入るとキッチン付きのすごくいい部屋なので、残りの1カ月をここで過ごしてもええかと思い、1カ月の値段を聞きにいったらなんと700ドル。バンフだと1週間しか泊まれないけど同じ値段でここだと1カ月。クリスマス、正月はどこも高いやろーし、700ドルやったら1日25ドルで楽勝。1カ月間ここで過ごすことに決定した。どーもおばちゃんはおれたちを気に入ったようで、なんとそのモーテルのスウィートルームに泊めてくれた。その日は爆睡。次の日はバンフに味噌を買いに行った。

9日。バンフにタイヤ交換に行くと予約してないから水曜に来てくれと言われ引き返す。でも死ぬかと思うぐらいハイウェイで滑った。

10日。車を走らせるのが怖いので今日はキャンモア探検をする。昼すぎに帰って来てユウキと寝た時、たんぱく質が赤っぽい。やっぱりどこかおかしい。痛みは前から少しはあった。しばらくして、もう一度出してみたが赤い。薄い色やけどかなり不安。多分どこか切れたんやと思うけど、ユウキは、「内臓に血がたまって、くさって死んだ人がいたよ」とむかし話をしてくる。どっちにしても1月に帰って医者に行かんとあかん。どーか何もかも無事でありますよーに。

11日。タイヤ交換に200ドルかかるらしい。けど事故することにくらべたら安いものだ。前のタイヤを後ろにつけ替えて、新しいスノータイヤ2本を前につける。帰り道はぜーんぜん怖くない。滑りにくいし80キロぐらいでも大丈夫。安心。これで明日はカルガリーに行ける。翌日、久し振りのドライブ中での音楽。やっぱりこうしてる時は気分がいい。もちろん周りの風景があってのことやけど。後は買物、次の日も。

14日。朝、洗車して車の写真撮って張り紙を作る。

15日。シルベスター・スタローンの映画『デイライト』を観る。彼の映画は好きだ。言葉がわからんかっても映像だけ見とったら内容はほとんどわかる。やさしい映画や。

2日後に車を売りますという張り紙をはった。値段は5600ドル。3000ドルで買ったけどいろいろ修理して、オーディオ付き。この値段では高くて誰も買わないであろう。その後5日経っても電話はない。のんびりとした変化のない生活をしていると日が経つのが早すぎる。別にたいしたこともなく今日も日が暮れていく。マイナス30℃の中でガソリンを入れた。耳がちぎれそうになる。

22日。今日の夜は、マイナス40℃。思わず半袖半ズボンで外に飛び出してしまった。沸騰さしたお湯を持って出て空に向かって撒いてみる。落ちてくる頃にはきれいな氷の結晶になっとる。外は冷凍庫や。ついでに皿に盛った刺身も置いてきた。テレビの天気予報を見るとアメリカのマイアミは27℃。ここの差は60℃近くある。信じられん。日本は14℃。まるで夏やんけ。

23日。今日が何曜日かもわからん。車の張り紙出して1週間が過ぎた。電話はナシ。当たり前。毎日コーヒーの飲み歩き。あと2日でクリスマスじゃ。1週間モーテル滞在を延ばして、後は車を買う人見つけて、スキーして、外人と1発やったら、それでもう思い残すことナシ！

24日。明日はどこの店も閉まるので今日買物。モーテルのおばちゃんたちにもプレゼントを買ったら、あっちも用意していたようで、チョコレートをもらった。石鹸とクッキーをあげた。

25日。今日は何もせんかった。キャンモアのダウンタウンに4人しか歩いてない。こっちのクリスマスは日本とえらい違う。

26日。何かよーわからんけど今日はボクシングデーとかいう日でいろんな品物が50パーセントオフになったりしてどこの店も列ができとる。すごい日や。

28日。本気で車を売ろうと思い値段を下げた紙をバンフに貼りに行ったらフミの車も売りに出されていた。ユウキは電話番。彼女は昨日から生理。激痛との闘いで寝不足。帰ってくるとモーテルのおばちゃん夫婦はバンクーバーに帰って代わりのおばちゃん夫婦になっていた。けどすぐに仲良くなって車を売るのを協力してくれた。それにしてもおれの息子の「ミニ江田島」の調子が今一つよくない。気になってしょーがない。帰ったら一番に医者じゃー。

29日。今日はナプキン買っただけ。

30日。雪かき手伝いにバンフに行く。やるのは1回でええ、もうしたくない。次の日も雪かき。日本はもう年が明けている。夜、年越しそばを食べに行った。夜12時前バンフの中心に集まってカウントダウンした。フミ君たちにも会って皆で寮の前の雪だまりに飛び込んではしゃいだ。

1997年1月1日。3日連続で雪かきに行く。最近あったかいから道がめっちゃ滑る。今日初めて車の件で電話があった。相手はとても日本語のうまい外人。彼は４３００ドルを２０００ドルにしろという。そんなもんできるかい！　また電話するというとったけど多分ないやろ。早いもので、おれたちが日本に帰るのもあと1週間。申請すれば車の保険が返ってくるらしく３日にカルガリーに行った。するとと2週間ほどかかるらしい。仕方ないのでそれは店から日本に送ってもらうことにしてバンフに帰って寮でスキーセットを借りてノーケイというとこにナイターをしに行ったけど、30分でやめた。おもんない。まず板。誰が履いとったんか知らんけど長すぎる。そんで靴。前に曲がらんからスピードのコントロール不能。道具がいかに大事か思い知らされた。

4日。車はもうホンダのディーラーに売ることにして張り紙をはずしに行く。張り紙はすでになく、そこにはスノーボードセールがはられていた。

5日。今日は皆が送別会をしてくれた。夜遅くまで話し込んだ。

6日。エアチケットを取りに行ってユウキは店に挨拶。おれはホンダのディーラーの場所を教えてもらう。そんで明日買い取ってくれるか聞きに行くつもり。

7日。朝カルガリーに行って、昼すぎにＴ＆Ｔ・ＨＯＮＤＡのレイモンドという人に会う。何か知らんけど向こうはおれを知っているかのように親しく接してきた。多分土産店のオーナーと勘違いしとる。まあええ、評価は、車はスタイルはいいし、中は綺麗だけど21万キロも走っているのでレイモンドががんばって２０００ドルで買うとマネージャーと相談していた。思えばジャマイカ人からこれを買って７カ月ほどで３万キロ走った。アメリカ旅行の２カ月の間に走ったのは約2万キロ。何のトラブルもなかった江田島号に改めて感謝や。しかし、結局買い取れないとマネージャーは言った。でもレイモンドは違うディーラーで、コールマンという人の嫁さんと交渉してくれて、結局1500ドルで買うと言ってくれた。まあ大事にするなら全然OK。しかしこないだ電話してきたマイクは、2000で買う言うとった。あん時にこーなることがわかっとったら……。カナダで車を売るためにはどーゆう条件が必要かというのがよくわかった。そーなると9日に渡すので明日中にやること全部せなあかん。忙しい。

8日。今日はすることがいっぱいあった。ユウキとも今日で最後やけど2人ともあまりそんな気がしない。そんなことより次の日6時に起きるのに、ほとんど寝れんし、カゼひきかけやし、おもいっきり汗かいて、服着替えて寝ようとしたら腰痛くて寝れんし、もうトシかな？

9日。朝、燃料タンクのフタが開かなくてガソリンを入れられず大変だった。外は寒い。AM8時すぎにフミ君が来てくれていっしょに空港まで行く。全然寝てないし、道路滑るし、事故は絶対してはいけないし、キンチョーした。こんなにカルガリーまで遠いもんなんかと思った。となりでユウキは思い出にふけってるし。何だかんだで無事カルガリー空港に着く。予定より早い飛行機でバンクーバーに行くことになった。そのあとメシ食ったけど、1時にHONDAに車を持っていくのに、まだ11時30分。電話で今から持って行っていいか聞いてみることにした。

「Hello Reymond is there?」(こんにちは、レイモンドさんはそこにいますか?)

うまく通じたようでレイモンドと代わってくれた。

「Hello」

「あ〜、I am Yoshi. あー、Today car go there one o'clock. But now OK?」

おれは、「もしもし、ヨシですけども。今日午後1時にそこに車を持って行くんですが、今からでもいいでしょうか?」と言いたかった。

「OK」

そして電話を切ったら、隣にいたフミがおれの顔を見て、「い、いまので通じたの?」と驚いたように言う。

「うん」

「よくそんなんで2カ月もアメリカを旅してきたよね。考えられん」

そして12時前に無事車を渡せた。これが江田島号との最後の別れ。よくがんばってくれた。ナンバープレートだけは持って帰る。車がなくなったのでフミのに乗せてもらいスーパーストア、スポーツ店、CDショップ、そしてマウントトイクイプメントとかいうアウトドアの店などを買物巡り。時間は4時頃。ここまでは絶好調やった。後はコリアンフードで買物して、マーケットモールに行って帰るはずやった。ところが、マウントトイクイプメントを出て、出発しようとしたらフミの車のエンジンがかからない。

郵便はがき

恐縮ですが
切手を貼っ
てお出しく
ださい

1 6 0 - 0 0 2 2

東京都新宿区
新宿 1－10－1
(株) 文芸社
ご愛読者カード係行

書　名				
お買上 書店名	都道 府県　　市区 郡　　書店			
ふりがな お名前		大正 昭和 平成　年生　歳		
ふりがな ご住所	□□□-□□□□		性別 男・女	
お電話 番　号	(書籍ご注文の際に必要です)	ご職業		

お買い求めの動機
1. 書店店頭で見て　2. 小社の目録を見て　3. 人にすすめられて
4. 新聞広告、雑誌記事、書評を見て(新聞、雑誌名　　　　)

上の質問に 1. と答えられた方の直接的な動機
1. タイトル　2. 著者　3. 目次　4. カバーデザイン　5. 帯　6. その他(　　　)

ご購読新聞　　新聞	ご購読雑誌

文芸社の本をお買い求めいただき誠にありがとうございます。

この愛読者カードは今後の小社出版の企画およびイベント等の資料として役立たせていただきます。

本書についてのご意見、ご感想をお聞かせください。 ① 内容について
② カバー、タイトルについて
今後、とりあげてほしいテーマを掲げてください。
最近読んでおもしろかった本と、その理由をお聞かせください。
ご自分の研究成果やお考えを出版してみたいというお気持ちはありますか。 ある　　ない　　内容・テーマ（　　　　　　　　）
「ある」場合、小社から出版のご案内を希望されますか。 する　　しない

ご協力ありがとうございました。


〈ブックサービスのご案内〉

小社書籍の直接販売を料金着払いの宅急便サービスにて承っております。ご購入希望がございましたら下の欄に書名と冊数をお書きの上ご返送ください。（送料１回210円）

ご注文書名	冊数	ご注文書名	冊数
	冊		冊
	冊		冊

「あれ?」

キュルルルル……。

「あれ?」

キュ。

「あれ? うっそおー!」

何度やってもセルが回らず、何をしてもセルは回らない。レッカー屋、修理屋に電話しても忙しくて来てくれず、2人とも働いていた店の世話にはなりたくないし、気温はマイナス24℃やし、足も指も何もかも寒くてたまらんし、車の中に泊まったら死んでまうし、フミはかなり頭がパニックで冷静に考えることが出来そうにもない。おれはカゼひいたみたいで調子悪いし、うんこが出とんか出てないんかもわからんし、ケツの感覚麻痺しとーし、腹痛いし、寒いし、乳首も痛いし、2人ともとりあえず歩いてコリアンフードまで行くことにした。そして途中車が置いてあるよーわからん建物に電気がついとーから助けてもらいに入った。そしたら何とかレッカー車が来てくれることになり、あと1時間~2時間待つことになる。

それにしても必死の時のフミは英語がベラベラでびっくりした。しゃべるしゃべる、しかも通じているのがすごい。同じ日本人でもおれといっしょにするなちゅうことや。レッカーを待つ間はジゴクのよーな寒さ。そんな中やっとフミが冷静に考えられるようになり、カイロを買うことを思い付いた。そして外は真っ暗だけど、まだマウントイクイプメントは開いているのでその中で待てばあったかいことにも気付いた。

　オレは死んでる。けどそこでトイレ行って、クソしてから回路はもどってきた。ようやく運が昇り始めた。トイレを出るとすぐにレッカー車が来た。そしてカナディアンタイヤへ持って行く。明日朝9時に電話をしてくれということでとりあえず安心。近くのマクドナルドでしばらく落ち着いてタクシーを呼ぶ。寮にも連絡を入れて、タクシーを待った。けど来ない。すぐそばにホテルがあった。そこまで行けばタクシーはすぐ来てくれる。歩きながらフミが、「猿岩石って知ってる？　なんか今そいつらと同じような気分がする」と言った。テレビなんか見ない時代遅れのおれに想像出来るのはその言葉そのままの猿岩石だった。

　ホテルの中は別世界だった。おれたちは……場違い。ベルボーイが荷物を運んでいる。フロントに綺麗なお姉さんがいる。そんな所に野郎2人。1人は顔が真っ赤でメガネくもらせて、もう1人はボクサーみたいな格好で乳首を両手でおさえている。一応料金をきいてみると99ドル＋TAX。2人の予算は税込みで100ドル。でもおれはもう動きたくない。

「なあ、金おれが出すから、たのむからここに泊まってくれ」

　フミとこそこそ話しながら結論が出た。フロントに部屋を頼むと、変な目で見られた。そらそうや、こんな男2人がいっしょに泊まるんやからホモ以外の何者にも見えへんやろ。部屋の中はえらい設備。アメリカ旅行中こんなとこ1回も泊まってない、一番ええとこや。それから2人でしばらく落ち着いて、冷静にしゃべって明日の行動を考えた。その日は爆睡。30秒で寝たらしい。

でもフミは頭の中で修理がもしダメだった場合のことや、明日朝9時に電話することなどで頭がいっぱいらしく、全然寝られなかったようだ。

10日。朝9時前に起きた。ぐっすり眠れた。けどまだ足らん。フミがカナディアンタイヤに電話したけど、もう1時間待ってほしいとのこと。コーヒーを飲みながら少ししゃべって10時前にシャワーに入る。修理予算500ドル、それを超えたら売ることになった。おれがうんこ中にフミが電話してやけに驚いている。電話が終わった。

「ヨシさ~ん。車なおったー」

「うっそおー」（うんこ中）

「ほんと55ドル62セントだって。しかもTAX込みで」

「ほんまーよかったなー」（でもうんこ中）

「よかったよー、もうお風呂にでもつかってゆっくりしてー」

「うん、わかったー」（それでもうんこ中）

というわけで車も直って帰りにチャイナタウンでメシ食って、でも念のためにエンジンは切らんとそのまま。そしてバンフに帰ろうということでハイウェイを走る。と・こ・ろ・が・しばらく走っているうち、アクセルを踏んで、離してエンジンブレーキをかけるとガシャガシャ音がする。

「なに……、これ?」

もうハイウェイのど真ん中、周りは雪だけ。音はしだいに大きくなる。そういえば、何か今日はエンジンの音が違うとフミは言っていたけどまさか……。２人とも祈りながら走っている中、キャンモアの字が見えてきた。うれしかった。モーテルに着いてボンネットを開けてみたら、オイル漏れとーし、クーラントないし、前に１５００ドルかけて修理したタイミングチェーンがガチャガチャゆーとる。

フミとはモーテルで別れたんやけど、そこからバンフまでの道のりは、フミはとても長く感じたらしい。途中事故しそうになり、今思うと帰れたのが奇跡のよーでと言っていた。その夜もう行かないつもりやったけど、やはりバンフから明日帰ろうと思ったので、お世話になったＡＫＡＩ　ＭＯＴＥＬの人に最後のお礼を言いに行った。いい人たちです。モーテルを閉めてまでおれをバンフまで送ってくれて、いい思い出になりました。

11日。昨日店の寮に着いてから今日の朝４時頃までみんなとしゃべって帰る前にいい思い出ができた。日本じゃマイナス24℃の中レッカーを待つことなんて出来ん。朝バスに乗ってカルガリーの空港にやって来た。寝不足で頭の中は寝ることしかない。まずバンクーバーに行って日系カナディアンで同じ店で働いていた友人の竜馬に会わないといけない。バンクーバーに到着後、電話をしたら家にいたのですぐに行く。久しぶりの再会で竜馬といろいろ話したりゲームをしたりで次の日の朝４時まで起きていた。翌日、夕方８時から、カラオケへ行って、メシ食ったけど、この町は中国人しかおらへん。町を歩いていると10人中９人は中国人。ここはカナダやど。何だかんだ言いながら、竜馬は明日の朝5時30分出発のおれに付き合ってくれるらしく、それまでプレステーションのゲームに燃えた。

13日。朝までゲームをして、空港まで竜馬に見送られ、いよいよサンフランシスコ行きのゲートに行こうとしたら、ハンコ押してもらう所でムカツクぐらいやり直しばっかりさせられて、もう乗れんかもしれんと半分あきらめとった。なんとか乗れてよかったけど、飛行場であそこが一番きらいや。あっちゅー間にサンフランシスコ。ここではスムーズにゲートまで行けて、うんこもいっぱいして、余裕を持って飛行機を待つ。これから日本への飛行で、オレの旅も完結を迎える。

14日。およそ10時間飛行機に乗って日本に到着。久しぶりの日本のはずなのにあまり懐かしい気もしない。今までのが夢だったよーな気がしてきた。もうすぐ現実に戻るよーな気がする。けど、カナダを見、アメリカ旅行をしてきたのは確かである。ユウキと付き合ったことも。無事帰ってこられ、すばらしい思い出が出来た。すべてに感謝、かんしゃ。

第3の冒険の書「日本奮闘編」

さあ日本に帰ってきた。とにかく医者じゃあ。泌尿器科に行ってすぐに調べてもらった。

「前立腺炎やな。精液が赤いやろ。薬出しとくわ。ほどほどにな」

「これってほんまに女性からしかうつらんのですか？」

「ほとんどそーやな」

恥ずかしいけどやっぱり日本の医者がええ。ユウキも病院で調べてもらったらしい。が、どこも異常はないらしい。おれは薬を飲んでいるけど何か変や。多分カナダで飲んだ薬のせいや。数日後、もう1回病院へ行った。

「先生、なんかねようわからんけど、とにかく力入れたら激痛が走るんです」

「おかしいなあ。尿はもう綺麗なんやけどな。まあ胃薬出しとくわ」

何で胃薬なんか理解出来ん。ここはあかん。そう思って大きい総合病院に行った。また同じことを説明。ほんだら今度はケツに指突っ込まれて、「これでも菌が出るんや」ゆうてこねくり回して、痛いわ恥ずかしいわ、後はどうでもええわいちゅう気持ちや。結局ほったらかしにしとったら、知らん間に治っとった。やっぱり健康が一番や。これから先のことはまだ何も考えてないけど、遊んでる余裕もないのですぐに親父の鉄工所の手伝いをすることにした。小さい頃から手伝っていたので内容は理解しやすい。でも好きではなかった。溶接して何かを作っているけど、それがいったい何になるのかわからないのがほとんどやった。かといって自分のやりたいことも見つからず毎日働いていた。そして2月になってある時親父がおれに言った。

「お前、彼女と過ごしたり、いっしょに旅してきたりしてどう思うんや。いっしょになりたいと思とんか」

「そら思っとうで。やけど金も何もないのにまだ無理やろ」

「行ってこんかい。金なんか貯まるの待っとったらいつになるかわからへんど。こんなのはタイミングよ」

おれの背中を押してくれたこの言葉は後にも先にも一番うれしい言葉やった。親父は22歳ぐらいで20歳のおかんと結婚した。だからよけいに気持ちがわかったんかもしれん。

「そしたら行ってくるわ」

ユウキに電話してすぐに東京に向かった。ただあっちでは、あまり賛成していなかった。東京の21歳の男の子というと金髪で遊んでばかりというイメージがあるらしく、子供がからかっていると思っていたのかもしれん。ただユウキの話では、おれがカナダからアメリカ旅行に行く前に父親に電話をしたのがよかったらしい。嫌がるユウキから無理やり受話器を取上げて、たしか、「はじめましてヒラタといいます。ユウキちゃんから聞いていると思うんですけども、実は10月から2人でアメリカ旅行に行こうと思っています。出来るだけ心配かけないようにしますので行かせてください」というような内容をしゃべったと思う。その時、ユウキの父親からは車じゃなく、バスや電車にしてほしいと言われた。それが最初の会話やった。ほんで今から初めてその父親に会いに行くことになった。ただの挨拶じゃなく、結婚をしたいというお願いや。東京の池袋でユウキと待ち合わせ、その後親に会いに行った。

最初の出会いは緊張するもんや。両親は美容室を経営していてその店に案内された。お父さんと挨拶して、その後お母さんが店に現れ、また挨拶した。お父さんは喫茶店のマスター。お母さんは晴れやかで天真爛漫という感じの人だ。その後4人で焼肉を食べに行った。座敷に案内されてビールが出てきて乾杯した。その前に話をしようと思っていたのにタイミングを逃した。「ああ早く言わんと」と心はあせるが、とてもキンチョーして心臓うなっとる。会話は耳に入ってない。そうしているうちに店員がよだれかけを持ってきた。かわいい牛ちゃんマークの入ったよだれかけや。「あかん！　こんなんして挨拶するのは絶対嫌や」と頭の中でその光景を想像した。3人はもうよだれかけしている。ここで言わな後で絶対後悔する。今しかチャンスはないんじゃ。

「食べる前に今回来た一番の目的を言わせてください……」

その後しゃべったことは頭の中真っ白やったから、思い出せへん。けど言葉つまりながらも結婚前提のお付き合いをさせてくださいと言えて満足しとったのは覚えとる。

そして仕事の方にも変化があった。ある時工場に親父と古くから仕事の付き合いがあり、おれも小学3年ぐらいから、おっちゃんと呼んでいた人が訪ねてきた。中学以来だろうか。久しぶりに会うのに全然変わっていなかった。そして本気か冗談かわからないが、「どや、組み立ての仕事ってどんなんか今度見に来るか」と言われた。全く想像がつかなかったので、見てみるのもいいかもしれないと思い、いわれた日の朝工場に行った。車で現場に行き、ヘルメットをかぶっての作業を見た。そこはパナホームやセキスイハウスや大和ハウスなど軽量鉄骨で建っている家のその鉄骨にボルトでとめるための穴を開ける「穴開けライン」があるとこやった。

「どや、これ全部おっちゃんがしたんや」

おれはまだその意味が理解できんかった。とにかく作業が始まった。見に行くといってもそれは手伝いやというのは最初からわかっていたし、仕事になると、このおっちゃんも急変するのもうすうす感じていた。過去に親父といっしょに仕事をしている時の姿を見ていて、その時の動きや口調や考えなどがはっきりしていて職人という感じを受けていたし、1度だけまだ子供の頃に手伝いをした時にふざけているおれを怒鳴ったこともあった。それを覚えていたので、そこからは全神経をとがらせていた。私語はもちろん道具1つ取るのにも走っていく。ボルト1個締めるのも全力やった。その日はめちゃくちゃ疲れたのを覚えている。そして2日間のはずが明日も来い、明日も来いで、何日も過ぎて行った。親父は自分の仕事を継いでもらいたいのか、「どないするんや。あそこに行くんか」と言ってくる。厳しいけど初めてのことが多くて新鮮味があったのであやふやなまま、気が付けばそこの従業員になっていた。

と、同時におれの生活パターンも変わった。毎日夜中12時頃まで働いて日曜祝日も休みがなくなった。個人会社やから、従業員はおれを入れて3人。といっても何も知らないおれは金をもらうより反対に払うほうだと言われ、「寸志」をもらっていたわけやけどお金は別になくてもよかった。毎日が覚えることがいっぱいで苦にはならなかった。それよりも名前があるのに「おっさん」と呼ばれていたのが心に残った。しかしお互い昔から知っているので、おれも社長と呼ぶようになるまでには時間がかかった。

その頃ユウキとは月に1度会うか会わないかというペースで結婚まではまだまだ遠いようにも思えた。そんな時、突然の事故でユウキの母親が危篤状態になった。大事には至らなかったが、この事故で大きく考え方が変わったと後でユウキが言っていた。自分たちの元気なうちに娘を嫁にやろうと思ったらしく、結婚するならいつがいい、という展開になった。そこにはおれの変なこだわりがあった。結婚するなら10月、それを過ぎるなら別にいつでもいい、とユウキに話した。自分の今までの人生を振り返ってみると、10月というのはいろんな出来事や物事の節目になっている。10月まで半年ほどしかない。でもそこからは早かった。6月にお互いの親が初めて会う日が結納。住まいは会社が探してくれて、家賃も半分みてくれる。金は結婚指輪を買えるか買えないかというぐらいしかない。神社で2人だけで挙げようかと思っていたが、両親の思いのほうが強く結局ホテルで結婚式を挙げることになった。だから結婚費用は指輪以外全て出してもらったことになる。

でもその結婚式までがあんなにつらいとは思わんかった。結婚式は親の思う通りにやったらええ。けどおれのことを「頼りない、頼りない」と会社仲間や友人や親戚や式の担当の人や司会者にまでベラベラしゃべった親父が許せんかった。息子で心配なんかわからんけど、そこまで言われるなら金を出してもらわんでええ。大体こっちは一言も頼んでない。いつのまにか感謝の気持ちが一転悔しさに変わっていた。

そんなある日、自分の部屋で指輪だけは買えるかどうか考えていたら、母親がノックをして入ってきた。

「あんたお金あるん？」

「いいや」

「これ」

そういって袋を渡してきた。

「いらんわ！　せっかく貰っても後でぶつぶつ言われるのはいややや！」

「お父さんは知らんで」

「うそや」

「ほんまや」

今まで母親は親父の味方で何もかもしゃべっているとこの時までは本当に思っていた。それだけにこの母親の親切な気持ちはうれしかった。

「もし、うそやったら許さへんで」

「うそと違う」

「ありがとう」

この時受け取ったお金は開けることも、見ることもせんかった。これを今使うことは負けたという感じがする。これを使ったのはそれから5年後になる。結婚式までにおれのお金で出来たのは婚約指輪と結婚指輪を買うことだけだった。

そして10月15日、ユウキの誕生日に籍を入れ、その10日後の10月25日に姫路キャッスルホテルで結婚式を挙げた。東京、千葉、新潟、大阪など前の会社の友人やカナダでの友人など遠い所からみな来てくれた。おかげですばらしい式を挙げることが出来た。その点では親に感謝した。式の内容は堀田伸治《ほりたしんじ》という中学3年から今まで一番つるんできた友人にビデオを撮ってもらった。家のおじいちゃんが唯一知っている友達の名前でもあった。笑いあり、涙ありであっという間に時間は過ぎ、最後のおれの挨拶になった。

決まった文章を読むのが性格的に嫌いで、特に心にも思ってないようなことを形式ばって言うのは一番嫌やった。おれは「僕には自信があります……」とわけのわからんことを言い出した。おそらく誰もそのことについては理解出来んかったと思う。これはおれは頼りないと周りの人に言い続けて来た親父と、そう思っている周りの人たちへの反発やった。経済的にもまだ自立できてないし、若いし、経験不足やし、まあそんなことはみなわかっとると思う。その時の自信とはそういうのとはもっと別な、なんて言うたらええんかようわからんけど、とにかく自信があった。

新婚旅行はグアム。これは半強制的に親に行かされた。3万ぐらいのツアーやったけど、最悪で疲れに行っただけや。アメリカ、カナダが新婚旅行みたいなもんやった。帰ってきて1週間は7時ぐらいに仕事を終わらせてもらった。しかしその後はその日に帰ることのない生活を送るようになった。つまり朝出て帰りは夜中の12時を過ぎる毎日や。家には寝に帰るだけ。最初の給料は10万ぐらい。外にラーメンを食べに行くのが最高の外食やった。お金に関してはおれがまだ仕事を一からやり始めたのを充分理解してくれ、文句のひとつもユウキの口からは出んかった。おれは毎日ただがむしゃらにやった。この仕事が向いとる向いてない、好きか嫌いかなど考える余裕もなかった。今ではそんなもんと思うようなことも紙に書いたりして1回で覚えるように心がけた。仕事以外の事も毎日教えられた。

・頭とチンポは生きているうちに使え。
・一生勉強。
・為せば成る何事も。行動力がすべて。何もしなければ、そのままか落ちていくが何かをすれば成功か失敗かのどちらか。
・夢を持つこと。
・生活の豊かさより心の豊かさ。
・ケチな人生はよいが、せこい人生はやめろ。
・いつか誰かがやらなあかんことやったら、今俺がやるという気持ち。
・親は大事にしなあかん。けど犠牲になるのはあかん。

・納期は絶対守れ。

この頃の教師は社長だった。後になるまで理解できないこともたくさんあったけどその教えが素直に受け入れられる時期やった。会社には昔大きな油圧の会社で社長といっしょに働いていた石井という人がいた。その頃石井さんは社長からボロクソに言われていた。定期的に長い説教をされ、毎日毎日仕事場で怒鳴られていた。社長は人はいい人だが仕事に関しては厳しかった。何度も飲みに連れていってくれた。3人しかいない会社なので身内でやっている個人会社に近かった。ただアルコールを飲めないのとそういう所でストレスを発散するのが嫌いだったおれは飲みに行くのが何よりも苦痛だった。女の子が横に座ってくれていろいろ話をしてくるが、そんな時間があるなら今から工場に行って1人で音楽でもかけながら仕事をするほうがはるかに楽しいと思っていた。仕事中は常に何かを考えさせられた。機械を動かしながら何かを作業してその次はあれをしてと手のあく時間はない。「一生懸命やって犯した間違いはええ」、と言われるが実際に間違うと全ては言い訳にしかならんかった。「無駄や」「おおちゃくや」が社長の口癖のようやった。この頃、もし全く同じ間違いを3回やったなら、おれはこの仕事に向いてないと思って辞めよう、と心に決めた。

社長はいつも会社が造った自動機などの製品を記念や次回の参考のためにポラロイドカメラで撮っていたが、ある日のこと英語でキーストンと書いてあるバルブの会社の帽子をかぶっていた半袖姿のおれをついでに撮った。この1枚の写真が、後の冒険を、そして人生を楽しくさせてくれることになろうとはその時は想像すらできんかった。

98年22歳の3月。結婚してからの半年はあっという間に過ぎて行った。会社の仕事は休みなしで、その日のうちに帰ることもほとんどない生活が続いていたある日、結婚式をビデオで撮ってくれた友人の堀田伸治（おれはわざとほった君と呼んでいた）が、「久し振りにみなで鍋をしよう」と言い出し、従兄弟の龍司《たつじ》を呼んだ。2人とも同じ高校で最初はいっしょにラグビーをしていた仲間やった。そして彼らの彼女たちも含めて計6人で鍋をした。家には結婚式で使ったポラロイドカメラがあったので写真を撮った。写ったほった君の写真は笑っているけどなんとなく暗いように思えた。

1週間後、夕食のコーンクリームスパゲッティを食べている時やった。電話がかかってきた。

「もしもし」

「龍司やけど」

「おお、龍司どないしたんよ」

「伸ちゃんが死んでもた」

「はあ？　また何、変なうそつきよんどー」

「うそちゃう。ほんまに死んだんや」

受話器の向こうですすり泣く龍司。おれはまだ半信半疑で、「なんでや。どないしたんや」と問い返したが、簡単な説明だけ聞いてすぐに家に向かった。玄関を開けるなり、「うそやろ」と中に入る。おっちゃんが、「平田くん怒ったってくれ」と泣いていた。目の前には青い顔をして鼻に詰め物をしたほった君が布団に寝ている。見た目は本当に寝ているように思える。触ってみるとつめたい。ああ、これはほんまにあかん。

「なにやっとんどー」悲しいより、もったいない気持ちのほうが勝っていた。

ほった君はおれがカナダにいる時に電話口で「俺も行きたいなあ」と言っていた。2人で月に少しずつでも金を貯めてラスベガスでどっかーんと儲けるぞと冗談まじりでしゃべっていた。外国に興味があるのはよくわかっていた。それだけにこの若さでというのがあった。

龍司が家に来た。事情を聞くと、ほった君は美容室に仕事に行くのが嫌だったのかその日の朝から調子が悪いと言っていたらしい。そのことはおばちゃんはわかっていたようだが。その後車で別の従兄弟と峠に走りに行き、そこで他の車の走りを見ていたがなぜか突然ほった君はまったく知らないその時会った人に、「隣に乗せてくれ」と頼み横に座った。その彼はドリフトか何かを練習していたらしい。そしてほった君を乗せた車はコーナーで横転した。シートベルトをしていなかったほった君は窓から放り出されガラスで首を切った。おそらく即死に近かったのだろうと思う。まるでそうなる運命だったかのように。

堀田の家から帰る前におれは心の中で約束した。「おれもいつかは死ぬやろう。やけどお前は満足やったんか。違うやろ。アホがパチンコで運を使いはたしやがって。おれにしがみついとれ。見渡す限りの雪の砂漠とか、くそばかでかい木とかおれがいろんなとこ連れて行ったる」

堀田が亡くなった日は、たまたま親父たちと旅行に行くのを断っていたから事故があった時すぐに会いに行けた。思えばあの鍋は最後の晩餐やったかもしれん。

葬式にはものすごい数の人が来た。そして高校時代の連中や中学時代の連中が勢揃いした。葬式が終わって別室に伸治が移されて、「そこで食事をしていって」とおっちゃんかおばちゃんに言われたのでユウキとその部屋に向かった。そこには身内や親しい友人がいたが、ほった君の前で数珠をもって1人で経を唱えている人がいた。おれのおじいちゃんだった。葬式の場所も時間も何も言っていないのに勝手に来てそれだけ済ますと帰っていった。おれはその姿をみた時はしゃがみ込んで大泣きした。

その後、堀田君の生まれ変わりといいたいぐらい身内や友人が妊娠した。ユウキもその中の1人やった。しかし仕事場はそんなことを考える余裕がないほど忙しかった。気が付いたら12月。出産予定日はクリスマスやった。1人目は実家で産みたいというので10月末にユウキは東京に帰っていた。クリスマスに東京に行ったがまだ生まれない。そして正月にもう一度行った。

年は明けて1999年の1月2日、姫路に帰る前の日の夜に陣痛がきた。3人で病院に行って、「せっかくやからおれも立ち会いたいんですけど」と言うと、「生まれる時だけでいいでしょ」ということになり、その時を待った。しばらくすると呼びに来た。

分娩室に入ると先生が、「ご主人見てください、頭が見えるでしょ」と言うので前にいって見てみると、ほんまに頭が見えた。

「ほー」

感心している場合ではない。押し出す力が弱いので隣で手を握って声をかけてください、と言うので横で手を握っていた。ユウキはとても苦しんでいる。でもおれは痛くもかゆくもない。

「はい、がんばって。もうすぐだよー」と先生が励ましている。そして「はい、出てきたよー」というと赤ちゃんが出てきた。たしかに感動した。がそれ以上に、「ようこんなんが出てくるわ～」という驚きのほうが大きかった。

生まれた時と洗っている時を写真で撮った。生まれたのは平成11年1月2日、午後11時1分やった。惜しかった。1日に生まれていればオール1やった。その後、ユウキのほうを見ると先生が胎盤を出していた。じ～っと眺めながら、「こんなようけ出てきて内臓なくなるんちゃうか」と思っていたら、「あっ、もういいですよ」となんかおれに気をつかってくれた。たまたま正月に3日間だけ東京に行ったその時に生まれた。

簡単に書いとるけど、ほんまにユウキはようがんばった。ぎりぎりまで自然分娩を試みた。陣痛が弱くなかなか出てこない。最後は薬を使って助産婦さんがお腹の上に乗って出した。何度も何度もがんばるユウキ。その横で何もできない自分の無力さをつくづく感じた。ユウキのお母さんは分娩室の扉の前で祈っていた。お父さんも出産後すぐに駆けつけた。これは言葉にするのは難しい。いずれお前たちも経験するやろ。ありがたや。男か女か生まれるまでわからんかったけど、名前はその前から決めていた。

「楓華《ふうか》」

男でも女でもこの名にするつもりやった。それはお父さんの望みでもある。ここまできたその一番最初のスタートは自分の考えを親に否定されたとこからやった。アドバイスがほしかっただけやのに生き方を否定された。それは今の仕事場でも同じことやった。人間やからいろんな意味で強い人、弱い人がおる。物事の考え方に至っては何億通りもあるかもしれん。でもどれが正しいとも正しくないとも言えん。日本では当たり前のことが海外では非常識。身近な人でも仲が悪いのはほとんどが考え方が合わないというのが理由の1つやと思う。

製造業の中小企業というのは身内や会社から独立してというのが多い。そして職業がら、「あいつの仕事やったら、なんぼ貰っても絶対にせえへん」。また逆に「あいつが頼むんやったら無償でもする」というのもよくある。今いる会社もやはり快く思っている人もいればそうでない人もいる。

カナダで吹いていた風は夏は心地よく、冬は耳がちぎれるほど冷たく、アメリカのセコイアでは木の香りを、グランドキャニオン、アーチーズでは土の香りを、砂漠では砂を風が運んでくれた。日本でも春には桜、夏には海、花火、秋には祭りの雰囲気など香り以外の雰囲気まで運んでくれる。それぞれが個性を持ち、どんな所、どんな国でも、ええとか悪いとかやない、全てに華がある。

楓華、お前にはいろんな所を見てもらいたい、自分の見える範囲が全てやない。世界は広い。

そこに生きる人の価値観もさまざまや。いろんなものを見て学んで、そしてどんな人生であっても華やかに生きてもらいたい。それは自分自身の望みでもあり、お前に望むことでもある。風という字は画数が悪いけど、楓は木が隣にあってやさしそうやし、カナダはメープル（楓《かえで》）が国旗にもなっとるし、どや完璧な名前の由来やろ。これはみなに意味を聞かれたけど、口では長すぎて言えんからこうやって書いている。

さてその頃にはおれもだいぶ仕事ができるようになってきた。思えば最初の頃は道具の名前もわからず、現場仕事に行くのに、「じゅうろく（16）のレンチ積んどってくれ」と社長が言ったのを、どう聞いても、「柔道部の連中と行ってくれ」としか聞こえず、意味が全くわからずにあたふたした時もあった。仕事人間の社長は29歳の時に脳梗塞になり、指も飛ばし、痔にもなり、39度からの熱があってもおかまいなし。睡眠も、「ナポレオンが3時間やったら、俺は2時間や」と言うような人である。だから、「日曜日が休みやなんて誰が決めたんや」と言っていた。

そんな社長であったが気力だけでは勝てんもんがあった。クリスマスに東京に行って翌日に帰ってくると社長が入院していた。その数日前に歯のかぶせが取れた。今までの話から想像できるように病院に行く時間がもったいないと思った社長は瞬間接着剤でくっつけた。以前おれの歯のかぶせがとれた時も、「そんなもん瞬間接着剤でとめとったら大丈夫や。理屈はいっしょやろ」と言った人である。過去に木工ボンドでつけたことはあったけど、瞬間接着剤はちょっと怖かった。けど木工ボンドは効かへんかったから、おれも「それもそうかな」と思いつけてみた。２回ほどしたが3回目はかぶせをなくして歯医者に行った。その時は歯がなくなるほど削られた。そして今回社長もそれと同じ結果になった。ただ1つ違うのは社長のは同じ瞬間接着剤でもタイプの違うやつだった。

その2、3日後、社長は耐えられんぐらいの痛みに襲われ病院に行った。小さい歯医者で事情を説明したら大きい病院に行けと言われそこに行き、診察室に入って、「痛くてたまらん。何とかして」と頼むと、「順番なんで」と言われ、いったん外に出たものの、辛抱できずもう一度入って行き、「あかんわ。実は瞬間接着剤で……」と説明をしたらすぐにレントゲンを撮ることになりそのまま入院となった。かぶせをつけた時に菌が入り骨髄炎になっていた。上の歯やったから脳まで行ったらえらいことや。さっそく抗生物質を打ち、痛み止めを打つがほとんど効かず、抗生物質もどれが効くかわからんからあれこれ打たれ、それでも仕事せんと納期に間に合わんから病院を抜け出していた。痛み止めの座薬が効く時間も短くなってくるし、ケツは座薬でベチャベチャになるし、歯は痛いしで一番手っ取り早いのは抜いてまうことらしいので3本奥歯を抜くことになった。そして元気に退院したのだが、その2日後、再度入院。菌が下の歯にもまわっていた。「もう抜いてくれ」と頼んで今度は下の奥歯を4本抜いた。さすがに今度は病院でおとなしくしていた。帰ってくると、「歯は大事や。歯医者は行かなあかん」とすっかり考えが変わっていた。周りの人もそれを見てみな歯医者に行った。社長は奥歯がないから柔らかいものしか食べられない。7本もないから、うどん食べたら横から出てきよる。笑いがでてまう。この事件以来、歯医者はあまり気がねせずに行けるようになった。

気が付けば入社以来2年が過ぎようとしていた。工場も新しいのを建てて300坪のところで3人が働いていた。石井さんは相変わらずでよく社長に説教をされていた。そしていつかおれもそういう目で石井さんを見るようになっていた。おれはその頃は本気で会社のために働いていた。数カ月前に何千万もする機械が入ったので、それを償却するために日頃から無駄を少なくし効率の上がる方法を考えていた。

その頃の社長はよく「常に機械が動いてる状態にせなあかん。あれをやりながら、同時にこっちもやるように……」と世話になっている他の会社を例にあげて説明していた。そして利益がないとか売上がどうのと、よく難しい話をしていた。おれは頭ではわかっているがどうしてもそれに応えることができんかった。そしてその理由を頭の中で石井さんのせいにしてしまった。おれは石井さんにだんだん腹が立ってきて3月が終わる頃に家で社長宛に手紙を書いた。


去年社長が入院してから、より強く思う様になったことがあります。今1つの製品を作るための流れは、
1、材料切り
2、横フライス（機械）で長さを決める
3、NCフライス（機械）、マシニング（機械）でそれを加工する

4、穴開け

大体この形が主ですが、現状では石井さんが材料を切って、組み立てやその他の仕事をして、その間に僕が横、NC、マシニングを使い、その後穴開けをしてもらうのがほとんどです。でも時間がかかるもの、数があるものでこそ2つの機械は動かせますが1個もしくは1つが何時間もかかる加工では段取り上最初はどうしてもそれにつきっきりでないといけないので、その間に他の機械が止まる時間が多くなります。そして機械は僕しか使っていないので、石井さんが時間と手を持て余す状態が増えてきました。その上石井さんは12月からタバコをやめイライラがたまっているのと、社長がいない気のゆるみ、糖尿からの体のだるさが重なった状態が目立ったので、自分1人で全部の作業をやっている様な気がして腹が立つこともありました。

あの頃は、夜12時頃まで仕事をすると体がもたないという理由で毎日10時には仕事を終えていましたが、僕のほうの作業が間に合わないので夜中に出て行くこともありました。でもやはり怪我の心配があるのでしょう、石井さんからはあまりいい様には思ってもらえませんでした。そして僕が思ったのは、「空いている機械で石井さんに簡単な作業でもしてもらえたら助かるのに……」ということでした。普段はそう思わないですが、あの頃は社長の入院や年末が重なっていました。石井さんに教えるにしても時間がなく、精神的にも余裕がなかったと思います。しかし、それが出来て無駄な時間を省ければ僕1人が夜中まで作業しなくとも、もっと早い日数で片付いていたと思います。「2人とも全ての機械に対して最低限の使い方は確実に身に付けることが必要ではないでしょうか。それから今回の社長の入院でわかったことやメリットのある方法について以下に書きます。

1、何かの事情で会社を休んでもそこを代わりの人が埋めることができるようにする。

2、個々人がそれぞれ普段から技術力を上げ、いろんなことをこなせるようにするべきである。

3、世の中は不景気でリストラがはやっている。歳とともに体力も低下するから、生き残るためには1人1人が社長になれるぐらいの力がないと、何が起こるかわからない。起こってからでは手遅れである。

4、短時間で加工が終わった場合は残りの時間を他の作業に廻すようにする。

それから材料の管理が必要です。

・通常材料の切れ端は片付けることがないので気が付けばいろんな種類が混ざっている。

・ただでさえ湿気が多い所なのに、錆びたらより多くの防腐剤を使うことになる。

・同じ材料で、綺麗なのと錆びているのがあれば、心理的に綺麗なのだけを使って、他は使えるのに捨てているのが多いし、ペーパーでこする手間が省ける。そして余分な材料を買わない事もできる。

その他、

・無駄な時間止まっている機械の電気代節約。

・夜に使う水銀灯の電気代、メシ代の節約。
・ボルトの整理をすれば余分な物を買う必要がない。
・工具の管理もできて、消耗品のチェックもできる。

この中には今でもできることもありますが1人では無理です。みなが協力してこそやりやすい環境になると思います。でもそれはリスクも大きく、効率が1・5倍になってもリスクは3倍ぐらいになると思います。ただし作業に習熟すればその反対になりますが。

以上を実行するにあたって一番大事なのは個々人のやる気です。こんな時なので気分も乗らないと思いますが、覚えてやっていく気持ちは2人ともあります。ただ今までの行きがかりもあるので自分の方から言いにくい事情はあるみたいですが。僕が石井さんに教えてもいいですが、何かあった時の責任は社長にいくので、僕だけでは判断できません。それと僕と社長が違うように、やはり人には向き不向きがあるので覚えるのに時間がかかったり、怪我の可能性も高いです。だからといって職を変えるわけにもいかないです。2年前にくらべて穴開けの間違いが減ったようにやればできると思います。

ただこういうのは口で言ってもわからないので、本人に自覚させないといけません。それは僕にも当てはまるかもしれません。それと、会社が利益がないのに、給料はそのままというのはおかしいです。僕からすればとてもありがたいですけど、苦しむのはみなで苦しまないと自覚もできないです。今の生活があるのも、ここまで成長できたのもこの会社があったからです。

文句はないです、どうかガンガン下げてください。でも20パーセントが限界らしいです。その方が気も遣わないし。

以上が僕の考えであり意見です。口で言うと絶対に半分も伝えられないので手紙に書きました。参考程度でも構わないので社長の考えに役立ててください。　おわり

これを渡そうかどうかと1週間考えた。その時は頭に来ていた事情もあったので、1週間後にもう一度検討して決めることにした。結局この手紙は渡さへんかった。理由は2つ。1つは石井さんのことばっかり書いとうが、おれはどうなんやろという気持ちがあったのと、もう1つは渡しても聞き入れてもらえそうにない、というのがあったためや。そもそも手紙でしか言えないというところからもわかる。当時のおれからみれば、社長はワンマンで自分の思うようになんでもするし、おれたちが自分の意見を主張できるような会社やなかった。怖いちゅうんやない。というより趣味から延長して仕事になっている会社なので本人の思い通りにするのが一番スムーズに事が運ぶのを、おれと石井さんはわかっとった。でもその我慢がどんどんストレスを溜めていくことになる。

その年の夏は宇多田ヒカルという人の歌が爆発的に売れ、ＣＤの生産が追いつかないというんでそのラインの一部を製作した。その時仕事をもらった業者は初めての取引先やった。納期がなく値段がはっきりしてないが造る物は造らないといけない。その取引先の人が、「こんな工場では

納期に間に合わせられん」と言ったのを聞いて負けず嫌いな社長に火がついた。気が走り出しイライラしてくるとどうしてもしょうもないことでもいろいろ言いたくなるんやろ。でもそれはこちらも同じやった。間に合わすために一生懸命やっている時に、横あいから、「先にこっちからしてくれ。これはあっちの機械で、加工はこうして、ああして……」と口うるさい。言われた通りにするのが一番いいやり方なのかもしれない。けどその度に自分の考えていることが否定されているようやった。そして何より一番の力の源、「やる気」を持っていかれた。何度も奮い立たせては持っていかれた。最近の若い人はちょっとしたことでキレるというが、おれもまだ23歳でそれは例外やなかった。あの頃はあとひと言何か言われたら、後先考えずに鉄パイプを振り回していたやろという心の状態が何度かあった。ストレスは確実に溜まっていた。

家ではユウキが育児でがんばっている。夜泣きがひどい時はおれが耐えられず、夜に頭を冷やしてくると散歩に出かけていた。だいぶん前に1度だけユウキに仕事の話をしたことがあった。その時は「一生懸命やらないと何も見えないよ。がんばって壁が現れたらそれを壊して、そしたら何か見えてくるものがあると思うよ。でも中途半端じゃ何も見えないと思うよ」という言葉に救われたのを覚えとる。

仕事がちょっと落ち着いて来たある日のことやった。焼肉屋で社長が軽いノリで、「どや、よしひろ。ストレス溜まっとるか?」と聞いてきた。今までなら簡単に「いいえ」と答えていたおれだったがこの時は「今を逃したらもうチャンスはない」と思い、「はい、かなり溜まってます」と答えた。社長は意外な顔をしたが、「じゃあ、よしひろの悩みを聞きに飲みに行こう」と言って、皆で飲みに行った。ちょうどその時いっしょにいた工具屋の竹さん（みな、竹ちゃんと呼んでいる）と別の工具屋の松岡さんとおれたちの合計5人で馴染みの店に入り、さあおれの話を聞こうかということになった。おれはその前にトイレに行き、「今しかない、この時を逃したら後はない。言った後どうなっても悔いはない。けど言わなければ一生後悔するぞ」と自分に言い聞かせた。そして席に戻ると覚悟を決めてこう言うた。

「僕がストレスを溜めているのは社長に対してです」

するど社長の顔色が変わった。

「最初の1年はただがむしゃらに仕事をしてきました。2年目はなんかおかしいなと思いながらもがんばりました。でも3年目になると、どうしても納得のいかないことが出てきました。僕にとって一番大切なのは仕事じゃないです。家族です。その次は友人、仕事はその後です。気付いてないかもしれませんが、社長はすごく人を追い詰めます。人間はとことん追い詰められて何も言えなくなったら、キレるか黙りこんでしまうかのどちらかです。無駄なことやったり、おうちゃくに見えることが多いかもしれませんが、僕は一生懸命やっているつもりです。今までいろんなことを教えられたり、言われたりしてきましたが、僕が一番心に残っているのはそんなことやないです。暑い日に作業をしている僕にそっと扇風機を向けてくれたり、暗いだろうと明かりを照らしてくれたり毎日のようにジュースや缶コーヒーを買ってくれたり、そんな社長が一番心に残っています。あとは親父と社長の間で板ばさみになっているおれ自身も嫌なんです。社長が怖いんじゃないけど、やっぱり思っていることを言いにくいです……」

全ては思い出せないが、仕事に対する自分の意見を言ったのは間違いない。その場の空気は気まずいものやった。でもたまたまそこに工具屋の竹さんがいてくれたおかげでとても助かった。竹さんは両方の立場に立ってくれ、おれの言いたいことを手助けしてくれ、そして社長の立場からの考えを話してくれ、最後に竹さんの経験からくる自分の意見を話してくれた。この時の話は今でもよう覚えとる。

「ええか、とにかく言いたいことは絶対言わなあかん。どんな短気な人でも、頑固もんでも、偏屈な人でも、人を殺すことは悪いことやとわかっとる。カレー事件みたいに毒を食物に入れるんはやったらあかんとわかっとる。精神異常者じゃないかぎりな。それと同じで、家族というのが大切なものやっていうのもみなわかっとる。それを聞き入れないような人間やったらこんなとこ辞めてまえ。その時は僕が代わりに社長に怒ったる。だから言いたいことがあるなら我慢せんと言わなあかんで」

翌日からいくら忙しくても仕事はその日の内には終わるようになった。そして社長は、無駄とかおうちゃくという言葉を言わんようになった。しかし、おれは何よりも面と向かって社長と話ができたことに満足していた。

特に亀裂も入ることもなく、毎日が過ぎて行った。10月には家族も連れて会社からハワイ旅行に出かけることになった。でもその時は心底楽しめていなかった。話は少しずれるが、今乗っているダイハツのミラは、結婚した時に「足がいるやろ」と社長がくれた軽自動車やった。その車検がこの10月に切れるというのでいっそのこと新車を買えという話になり、ヴィッツという車を買った。車に全く興味がなかったので2つ返事やった。帰ってユウキに色だけ決めてもらい、支払いの話は社長たちにまかせた。そして113万円を銀行から借りることになったが、いざ振り込むという時になって勤続年数からどうしても100万までしか借りられず、結果、社長に全て立て替えてもらう羽目になった。それでなくてもいつも社長にはおんぶにだっこという気がしていたのに、家族までハワイ旅行に連れて行ってもらったりしたら、感謝こそすれ、「これからは社長には意見しにくい」という気持ちのほうが勝ってしまい、おれは次第に複雑な心境になっていった。

そして歯車が狂い始めたのはその翌月ぐらいからやった。CDの機械を発注してきた会社が不渡りを出してしまい、会社も800万ほどあおりをくらった。手形を割っていたので上下を合わせて1600万ほどの損害が出た。何とか乗り切ったもののそれを埋め合わせていかないといかんかった。そのためには機械をできるだけ効率良く動かし、無駄をなくし……、全て社長の段取りで仕事をするようになってきた。また以前と同じようにストレスが溜まる状態になった。高い機械も毎年のように買っているので、それの返済も重なり、社長はいつもイライラしていた。そして5月に社長の双子の兄が入社してきた。顔はそっくりで性格も似ているが考え方は大きく違っていて、この2人を足して2で割ったらと思うぐらいやった。

兄貴さんが入って一番大きく変わったのは、日曜日が基本的に休みになったことである。それまでは土曜日の帰る間際までわからず、社長が何も言わない時は、とりあえず日曜の朝出勤して何時間か待ってから家に帰ることも何回かあった。そのためにいつも予定は立てられず、ユウキには、「日曜は仕事や」と毎回言っていた。さすがに兄弟だけあって兄貴さんはほとんど弟の性格を見抜いていた。でも仕事の内容は今までと変わらへん。やはり性格は変わらんもんや。

3月に2人目を妊娠していたユウキは何度も病院に足を運んでいた。楓華も歩くようになり少しずつ物事がわかるようになっていた。一生に1度しかない我が子との時間である。しかし、クボエンジニアリングというこの会社は石井さんが入る前からあるスタイルがあった。周りからあそこは24時間年中無休のローソンやといわれるぐらい仕事をする会社だった。そのイメージとキャラクターは会社の顔でもあった。でもおれにとっては見栄としか思えんかった。機械を買うのも本人が欲しがっているなら買えばええと思っていた。それを相談されても、すでにその顔は同意の言葉が欲しいという顔なので「いいですね」としか言えんかった。でも今回はそれが敗因やった。その借金を返すために、毎日自分の時間と妻の時間、そして楓華の時間を会社につぎこんだ。どれぐらい家族との時間が欲しいかと問われたらすぐには答えられないが、毎日朝までかかっても1時間余分に仕事したら7日で7時間が浮き、これで1日は休めるやろうに。この頃は楓華の寝顔しか見られず、たまに9時頃に帰ると夜中に子供と散歩をしていた。

ともかく会社は社長の独断でどんな方向にでも変えられた。この時にユウキや楓華に何かあったらおれは社長を恨んでいたやろう。いろいろと世話をしてもらっているが、それは一番貴重な時間を犠牲にすることで帳消しになっていた。おれはここで社長になんか言わないとこの先絶対にうまくやっていけないと思った。このまま何もしなかった場合、愚痴ばかり言う自分、後悔している自分のイメージが浮かんでくる……。

10月の中旬、社長と2人だけになった時に、「これを読んで下さい」と紙を渡した。紙だけじゃ伝えられないので、おれはメモを読む社長の傍に立っとった。今回は前と違って書いた内容を1週間もおかず、すぐに社長に読ませたのであった。

今から少し寝言を言わせてもらいます。

社長の考えは、社長と同じ立場にならないと多分誰にもわからないですが、おそらくこの先仕事をしていく上でとても大事な問題なのでこの際、僕の意見と考えを言わせてもらいます。まず、そろそろクボエンジニアリングのスタイルを変えてはどうでしょうか。この先、暇な時間が続くという今の様な状態は決してないでしょう。おそらく、また加工に追われる日、納期に追われる日々が来ると思います。そうなれば間違いなく社長はいつものように段取りや加工手順を指示し、より速く、無駄のない作業を求めると思います。でもそれは無理です。

社長が自分の思い通りにやろうとして、加工の順番や、やり方を説明している時は、僕の頭の中は真っ白。自分で考えることもせず、ただ言われたことをしているだけです。それが良いか悪いか、速いか遅いかに拘わらず、社長が満足するならいいと思ってやっているだけなので、結局正しい判断ができなくなるのです。この品物はＮＣ（機械）でするのか、ＭＣ（機械）でするのか、プログラムは自分が作るのかどうか、しまいには使用する工具についてまで悩む様になります。速い遅いじゃなく社長の思うようにというのを優先して考えてしまいます。

たしかに１つの品物、例えば５００円の品物を作るには、10分の作業で終わらせないといけない。20分も30分もかけられないのはわかります。ただ僕は加工時間ではなく、全体の時間で考えます。例えば10分で加工は終わってもその前に３分間テーブルの掃除をしていた。加工中計測器を探すのに２分かかった。材料を探すのに10分かかった。そういう余分な時間がかかっているのです。もしちゃんと管理ができていれば、作業そのものの手は遅くても、目に見えない部分で取り戻せると思っています。やり方や、スピードは人によって異なるし、できた品物の良し悪しは判断する人の自己満足じゃないでしょうか。

ただ怖いのは、今回でも仕上げの作業に、サンダー（電動工具）では怖いなと思いつつも、多分社長はサンダーでやれと言うだろうと思い、やった結果、素材が弾かれておれの体に当たったこと、同じような理由で指を怪我したこと、考え事ばかりしてプログラムの間違いで機械を品物にぶつけそうになったこともありました。とにかく今のやり方では、いつかいろんな意味で限界が来ると思います。肉体的か精神的か、それともそれ以外の何かかもしれませんが。

さすがの僕も今回は社長についていくのがしんどくなりました。

そこで僕がお願いしたいのは、今会社がかかえている仕事を全て教えていただきたいのです。そして任せられそうな仕事は全て3人に任してください。最終期限だけは教えていただき、途中社長は全くノータッチにしてほしいのです。もちろん社長が指揮を取るのは当然ですので、対外的にはそう言ってもらえればいいです。とにかく仕事の中身をはっきりさせて、自分自身で時間をコントロールしたいんです。休みにしてもそうです。夜遅くなるのは仕方ありませんが、何時に終わるかわからないとかえって全力を出せないです。僕たちに任せたらもちろん失敗もあると思います。その時は社長もいっしょに頭を下げてください。そして3人の給料を引くなりクビにするなり好きにしてもらっていいです。ただそのために今まで人一倍苦労して得たお客さんからの信用を失うかもしれません。それは覚悟してください。

昔の人は偉いです。鉄は熱いうちに打てといいます。4年も経ってくると熱い鉄も冷めてしまいます。冷めた鉄を叩いても歪むだけですよ。社長！　鉄よりも叩いてきた自分を信じてください。このへんで寝言を終了します。

社長の顔はひきつっていた。おれはさらに追い打ちをかけた。

「最初社長は、お金のために働くなと僕に教えてくれました。でも今は金のために働いているとしか思えません。僕はこの会社の借金を返すために働いているんですか?」と尋ねると、社長は少し黙っていたが、「そうや。今は借金を返すためや」と答えた。社長はその後、他の会社や他の人を引き合いに出しておれにいろいろな話をしたが、それは他の会社や人の話なのでおれにはどうでもよかった。しかし社長は会社は不渡りをくらったが購入した機械の毎月の返済が金融機関から評価されていると教えてくれた。本人が望んで買った物としか見てなかっただけに、正直に答えてくれたことはうれしかった。もう一度会社のために働いていこうかと気持ちを入れ替えた。

が、その翌日から機嫌が悪かったのか社長は3日間ほどおれに口をきかなくなった。トップの人に口答えするんやから覚悟はしとったけど、つらかった。石井さんは今まで何回もこういう状況の中で仕事をしてきたのかと初めて彼の心境がわかった。そして石井さんに、「すいませんでした。自分が同じ状況に立たされて初めて気持ちがわかりました。今まで偉そうなことを言った時もありましたが、あの状況を何度も繰り返しながらここまでがんばってる石井さんはすごいです。今まですいませんでした」と謝った。

この時学んだものは大きかった。社長が石井さんの話をしている時、同じ立場から石井さんを見ていたおれは、勝手にその人間性を判断しとった。自分が直接関わったわけではないのに、間接的な情報をうのみにしてそのまま信じていた。自分が関わってないのに、この会社で働けるのは幸せだとか、ここはよう儲けているとか、噂話で判断したり、一個人の話で全てを想像したりするケースはよくあることや。おれはこの時から他人の話は参考にはするが最終的な判断は、自分がその人や物事に関わってから決めるよう心がけた。そしてその翌月、社長は新しい機械を導入した。

平成12年12月13日。1日早ければと思ったが楓華と同じで1日ずれた。2人目の出産は、朝会社に行く前やった。今回はユウキは親元に帰ってないので病院に連れて行き、2度目の立会いとなった。思えば何度もお腹が張ってその度に病院に行ったもんや。出血したこともあり、2人目は流産しやすいと聞いていたのでよく不安で泣いていた。

今回は女の先生が担当で、おれはずっと横にいることしか出来なかった。ユウキと先生は一生懸命がんばっている。おれは手をにぎりながらも冷静に、「あんなでかいのが出てくるんや、痛いやろなあ～。おれ絶対いやや」と思っていた。最初に出てきたのは赤ん坊ではなく、少量の便が出てきた。そういやユウキは便秘やいうとったけど、今は恥ずかしいとかいややとか思う余裕なんかないいんやろな。めちゃくちゃ痛そう。おれはぜんぜん痛くないけど。

しばらくして先生が、「やっぱり切らないと出ないですね。切りますけどいいですか」とおれに聞いてきたので、「えっ、あっ、どうぞ」と答えた。なんでおれに聞くんやろ。あっ、そうか、ユウキはそんなんに答える余裕ないいか。しかし簡単に答えたけどええんやろか。うわっ、いきなり切ったけどユウキは気が付いてないぞ。麻酔したんかな？　やっぱり切るより産む方が痛いんやろか。と、いろいろ心配してるうちにありゃ、出てきたがな。

女の子やった。ユウキも落ち着いていた。その後子供の足にマジックで間違えないように名前を書かされた。ユウキが後で言った。

「私はお腹で育てて、痛い思いをして産んだから自分の子供という気がするけど、全く痛い思いもせずに、はい、お父さんですよ、と生まれた赤ちゃんを渡されてよくその子の父親になれるよね。すごいわ」

そう言われてみると、たしかに何でなれるんか自分でもよくわからん。

2人目の名前の「そら」はユウキが決めた。彼女もアメリカ旅行の印象が強かった。特に雲ひとつない澄みきった空に感動していた。この空のように大きく澄んだ人間になってほしい、というわけだ。単純だ。でも青空は心を楽しくさせてくれる。天気というのは気分も左右する。空は世界のどこにでもある。見る場所によって気分も感覚も違う。この名前にも楓華と同じような意味合いが感じられた。後は画数が問題や。漢字はダメでひらがながええという。本によってそらの「そ」が3画と4画があった。なんで4画かいうと、3画書き終わった後、ほっと一息つくとそれが1画分になる、と書いてあった。なんじゃそら。10冊近い本を調べて3画というのが多かったのでそれに決めた。「そら」。ええ名前やないか。絶対いじめられるやろな。関西弁の中には、「そらみてみい」、とか「なんじゃそら」とかいう言い方がかなりある。まあ後は自分自身でなんとかせい。これで2人とも名前には深い意味や思いがあることはわかったやろ。

2人目の子供が生まれてからおれの心境は大きく変わってきた。この先おそらく会社が自分の思うように変わることはないやろう。そしてこの子の時間も会社の犠牲になるやろう。おれは3

歳ぐらいまでの親子の時間、一番かわいくて大切な時期であり一度しかない時を大事にしたかった。それを変えることができるのは他でもない自分自身や。結婚する前からユウキは、「子供を海外で育てることができたらいいのにね」と言っていたが、おれはその行動のタイミングが近づいていると思った。

おれはこの頃になるとユウキの性格がだいぶん理解できるようになっとった。彼女は物事やお金は見える範囲でしか計算できん。例えば年金を納めていない状況で給料をもらってくる。でも本来はそこから年金が引かれる。それを引かれたと考えて残りの金でやりくりすることができない。物を買ったその支払いを来月のボーナスでするという考えもその1つや。

おれは小さい頃から親を見てるし、中小企業の製造業の今の状況がわかるからそんな確実性のないやりくりはあてにしないし、母親にもらったお金もないものとして生活している。今までは毎月全てユウキに給料を渡して家計を任せていた。でもそれではお金を貯めるのが難しいとわかった。おれは年が明けてすぐに「平田夕貴」名義の通帳を作った。そしてそこに今までコツコツ貯めたお金を全部入れて、これから1年間あらゆる手を使って金を貯めていこうと決めた。ユウキに言うとそれを計算に入れてしまうので黙っていた。

そんなある日、毎日仕事で疲れてすぐに深い眠りについてしまうおれがめずらしく夢を見た。何年ぶりの夢やろう。朝になっても覚えてるような夢はそれぐらい久し振りやった。怖い夢やった。何かしらんけどユニットバスに閉じ込められて出られへん。「どないしよう」と思っていたら、ごっつい小便がしとーなってきた。けど出られへん。「もうあかん。ええわいここの排水口に流したれ」。そう思って流しだした。

ん？？　何かおかしくないか。うあ、ひょっとして……。気付いた時はもう終わる頃やった。ガバッと布団から飛び起きた。ユウキが、「どうしたの」と聞いてきた。

「すまん。寝小便してもた」

「ええーーっ」

布団をめくったら、そこには日本を遥かに凌ぐ世界地図が描かれとった。それは隣に寝ている楓華までを襲いかけている。すぐに楓華を安全地帯に移し、体を洗いに行く。2月の朝はめちゃくちゃ寒い。しかも濡れとるし。これはショックやった。25歳になっておねしょをするとは。でもすぐに、「会社にいる人はみな40歳を越えとる。40年も生きとったら途中1回ぐらいは誰でもこんな経験あるやろう」と思い、その日会社では来る人来る人に尋ねてみたが誰1人としておらんかった。もう1回したら病気や、病院に行こうと思った。

でも楓華、そら。これはお前たちにとっては得なええ経験やど。お父さんはお前らがいくら大きくなって寝小便をしても怒ることができん。少なくとも25歳までは……。ちょうどその頃、「最近、夜尿症の人が増えてます。原因はストレスから」というニュースを流しとった。それや!!　そのストレスがおれにもあったんや。

しかし何でいつも下半身なんやろか？　振り返れば小学6年の時に突然血尿が出て膀胱炎にな

った。原因は親父の手伝いをさせられていつも汚い手でオシッコをしていたからばい菌が入ったんや。その次は痔や。毎年夏になると子供会で村相撲をしていたおれは、すでに3歳で布のふんどしを巻いて参加していた。最後の小学5年になると村で一番やった。と自慢しても人口は非常に少ないとこやったが。で、そこで終わる予定だったのが何を血迷ったのかもっと大きい大会に出ろと当時のソフトボールの監督が言い出した。どんな成り行きやったかはもう忘れたけど、練習も変なとこに連れていかれ、硬い土の上ですり足とか、どすこい運動をやらされた。

そして試合の日が来た。その時巻かれたふんどしは、布からはほど遠い消防のホースみたいな硬いふんどしやった。おれは大将で総当たり戦。目の前におるのはいつもおれの体の2倍はある肉まんばっかりや。力がぜんぜん違う。その肉まんどもがおれを右に左にこねくり回す。終わった時にはケツは血まみれや。やけどそんなん恥ずかしくてよう言えへんから黙っとった。夜風呂に入る時にパンツ見てお母はんが叫んだ

「あんた、何これ！」

生理でもないのに血がやたらと付いている。そして次の日、肛門科に行った。切れとったんか何か出とったんかようわからんけど、とにかくそれからケツが弱くなった。疲れた時に痛みがよう出てくる。夏に汗いっぱいかいて疲れている時に強い冷房にあたったら一発や。その次は親知らずやった。原因はほかも全部そうやけど疲れとストレス。しかし歯の痛みと痔の痛みはほんまに耐えられん。

話がだいぶずれた。ユウキはともかくとして、おれの中ではこの先の自分のビジョンがなかった。現在親と同じ部類の製造業で鉄を扱っているが、そもそも本当にやりたい仕事なのかどうかもわからない。ただ苦にはならなかった。家族を養うために、そして自分のためにと仕事、仕事で生活してきたが、ここにきてその仕事が原因で家族、というより夫婦の間に亀裂が入りだした。さざいなことでケンカをするようになり、その回数も増えてきた。今の状態で1年後を想像した時、別れている姿しか浮かんでこなかった。

何もしなければそのままか落ちていくが、何かをすれば成功か、失敗かになる。これは社長から最初に教えられたことである。このままでは別れても会社のせいにしてしまうだろう。でも行動後の失敗は自分の責任だ。すでに2度話はした。もう一度話をしても変わらないのはわかっている。今度は自分が動く時だ。そしてそれは今しかない。かといって違う会社で働く気はなかった。

3月の終わり頃ユウキに言った。「海外で子供を育ててみるか」。

しかしユウキは本気にはしてなかった。その時のおれの思考回路はこうなっていた。

海外で働くといっても観光ビザでは無理。かといって見ず知らずの奴にワークビザを出してくれるような会社があるとは思えん。日本の海外求人に応募しても可能性は低い。やはり最初はアルバイトで働いて会社に自分を認めてもらいワークビザを出してもらう方法が一番確実だ。そうなるとおれにはカナダのとき使ったワーキングホリデービザがある。

カナダはもう使えない。25歳で行けるのはオーストラリア。けど条件に既婚者はダメとなっている。後はニュージーランド。ここは30歳までで子供を同伴しないなら大丈夫である。他にもいくつか国はあるけど、そこには興味はない。ここニュージーランドを選ぶ理由は3つある。今の地球を見ると毎年のように異常気象が起こっている。この先世界的な食糧難になる時が必ずあるやろう。そうなると日本は人口が多すぎるし、資源も食料も少ないしやっていけへんやろな。その点この国は人口は兵庫県ほどやし資源も豊富や。そして島国というのがええ。戦争が起こっても巻き込まれにくい。2つとも単純な考えやけど、3つめはユウキが一度この国にワーホリで1年ほど生活していて、住んでみたいと言っていたからや。自分の店も出したい言うとるし。そうなると一番求人が多いのは夏の観光シーズン。季節が反対やから11月から2月ぐらいまでがベストや。社長は入った時に、「辞めるなら1年ぐらい前に言えよ」と言うとった。行くなら遅くても年明けや。年末まであと9カ月しかない。その時までに90万ほど貯められたらええほうやな。後は社長に車の借金を返すのと、パソコンと浄水器のローンを終わらすことやけど何カ月で払い終われるかが問題やな。それ以外に渡航費を貯めなあかん。うまくニュージーランド行けてビザをもらって2年働いて永住権を取ろうとした時に楓華は6歳で小学校に行くとこか……。うまいこといく可能性はないに等しいけどやれるチャンスは今しかないな。諦めたとしても今のこの状態は長続きせいへん。かといって行動したからうまくいくとも限らへん。でもこのタイミングを逃したら一生後悔する……。

しかし海外移住を実際真剣に考え出したのは、そらが生まれてからやった。もっと前に考えとったら車も買わんしローンも組まない。本当は海外で育てることよりもこの会社を出たいという気持ちの方が強かったと思う。時間は迫っていた。

会社では社長だけは毎日夜中まで仕事をしていた。そして4月11日、社長の誕生日の前の日やったが、仕事を終えていったん車で帰りかけたおれやったがまた会社に引き返してきた。「やっぱり今日言おう。明日は祝いの日やからあかん。これ以上遅くなってもたらあかん、でも……」とためらいながら会社の周りを2周、3周した。そして1度は帰りかけたが、もしも今日言わなかった後の自分を想像した時に浮かぶのは一生後悔する姿である。おれはいつでも自分を追い込んで行動を起こしていた。でもこの日だけは今から振り返っても一番勇気のいる時やった。「今すぐ辞めろ。明日から来んでええ」と言われてもおかしくないだけに言葉のコントロールだけでは踏み切れんかった。自分を奮い立たせるためにCDをかけた。『ブレイブハート』の一番最後のところを聞く。あれは一番好きな映画やった。ああゆう志を持った熱い連中の生き方におれは憧れた。手を何度も心臓に当てて、「勇気をくれ！」と心で叫んで車から降りた。音楽は消えていまは現実の世界。もう戻ることはできない。

ドアをノックした。社長が出てきて笑いながら、「なんや」と言った。

「話があるんですけども、ちょっとだけ」

もう後戻りはできん。社長が何かに気が付いたようで顔色が変わっていた。

「実は前からいつかはと2人で思っていたんですが、子供を海外で育ててみたいんです。今長女が2歳です。ニュージーランドでうまく働けて永住権まで取れた時に彼女はちょうど小学生です。そのために使えるビザも1回しかありません。中途半端で辞めるのは百も承知しています。でも出来るのは今しかありません……」

この時の言葉はこれぐらいしか思いだせん。もう頭の中は真っ白で緊張していて言葉もまともに出なかったと思う。でもこの次に聞いた社長の言葉は涙が出るほどうれしかった。

「そういうことやったら、わしは賛成や。１００パーセント協力する。俺が逆の立場やったらやってみたい。これからは国際社会になっていく。英語のひとつもしゃべれなあかんやろ。外の世界を見たら視野も広がるしな。ええなあ、家の息子にもそういう経験させたいのう。わしらに出来ることがあったらなんでも言うてくれ。協力するから」

まさか理解してくれるとは思ってなかった。その場で怒鳴られこの時が最後という覚悟で話をしただけにうれしさも大きかった。

「辞めるなら1年ぐらい前にということだったんですが、どうしてもベストシーズンに行きたいので、1月か2月に向こうに行きたいんです。あと借金を返そうと思ったら車を売らないといけないんですがいいですか」

「車のことは別にええがな」

社長に話をしたことをこの日の夜、ユウキに言ったらうれしそうにしていた。しかしああ言われたものの100万からの借金を返さないわけにはいかない。そのためには今売らないと返せなくなる。車はその週の日曜日に売って、自転車屋に行っていらない自転車をもらってきた。でもほとんど毎日会社の車を使わせてもらった。

5月に入ったある日、インターネットで調べていたら興味深い情報があった。「マジックリスニング。あなたも12日間で英語が聞き取れる」といううたい文句が書いてあり、内容を読むと英語には日本語にない周波数があり、毎日その周波数を聞くことにより耳が英語耳になり12日間ではっきり聞こえるようになるというのだ。おれは、「これやあ～！」と思い、すぐに購入した。5万もしたが社長が半分出してくれた。これでお前がしゃべれたらわしらもするということやった。今までの経験で勉強しても頭に入らないのはわかっている。英語のレベルは5年前のカナダ、アメリカレベルから変わっていないか、落ちているかというところ。それから毎日1時間ずつ12日間休むことなく聞きつづけた。頭のあちこちから音が聞こえる。なるほどたしかに普段は聞かない音の領域がある。けど1時間ただ聞くだけというのはつらい。この頃は毎日2時、3時に帰っていたので睡眠不足でどうしても寝てしまう。最後の方は大きな音でクラシックの『威風堂々』が流れるのでついつい目をつむって体を使って両手で指揮をとっている。この姿は誰にも見られたくない。

12日間聞き続けた結果はというと、「ようわからん」。しかし重大な事に気が付いた。たしかに前よりはっきり聞こえるようになったんかもしれん。でもその言葉の意味がわからん。例えばドックという言葉がはっきり聞こえてもそのドックという意味がわからん、という状況や。つまりあまりにも単語を知らなさすぎるから結局勉強せなあかんちゅうこっちゃ。

この頃になるとどこの会社も今までと様子が変わってきた。今まで8時間働いて1日分を稼いでいたのが16時間働いて1日分というように物の単価がどんどん安くなってきて、安くても仕事があるだけましと思わないといけないという状況やった。時給に直したら吉野家の牛丼ぐらいの時もある。この時貰っていた給料は手取りで16万7千円ぐらいやった。毎日夜遅くまで働いても加給金がないと生活することはできんかった。ローンに車に健康保険に生命保険、学資保険。ユウキは子供がまだ手離れしてないし日本にいても保育園にやることができん。他はしらんが少なくともおれの家ではそうやった。でも会社は精一杯払ってくれていると信じている。あまった時間があるならバイトでもしようと思うが毎日帰るのは翌日になるし終わる時間も休みもばらばらなので会社だけからの収入になる。実は海外に行く理由のひとつはここにもあった。時間もお金もない生活をこのまま続けるよりお金がなくても子供たちと遊んでやれる時間がある生活のほうがいい。それはもちろん自分のためでもある。2人目の娘が生まれてから、おれはお金や時間や生き方について深く考えるようになっていた。

話は少し変わるが毎日夜遅くまで仕事をしているのをよく知っている親父は事あるごとに「ようもうけとるな」と言っていた。実情を知っているおれは何もわからないのにいかにもわかっているかのようなしゃべり方をする親父がたまらなく嫌だった。親父は会社の中の様子を何度も説明しても素直には聞いてくれなかった。そんなある日、親父が、「毎日そんな遅くまでしとんやったら30万ぐらい貰いよんか」と聞いてきた。その日は給料日だったので、「だからずっと言うとるやろ。そんなに貰ってない。今日給料日やけど今から見てみよか」と言って、その場で給料袋を開けてやった。明細を見せて、「な、おれ嘘なんかついてないやろ」と言ったら、親父は信じられないという顔をしていた。真相を知らずに噂話や見た目で会社や人物を判断したり、羨んだりする人が多いが、そんな人には「中でいっしょに働いてみたら一番ようわかるのにな」と石井さんと話したもんだ。

8月にようやく全ての借金を払い終わった。そして9月には会社からお金が出て北海道に旅行に行った。ユウキの親の里は北海道なのでおばあさんのお墓に参り、親戚の人に会った。この時を逃すとこの先どうなるかわからない。まるで何かに導かれるように北海道に行くことができた。それからいよいよニュージーランドのワーキングホリデービザの申請をするわけだが、この年におれは人生を変えるかもしれないというような本に出会った。

その日はユウキのお父さんが泊まりに来ていた。朝起きるとお父さんが本を読んでいた。『金持ち父さん、貧乏父さん』という本やった。この本のことは知っていた。以前『チーズはどこに消えた』という本は読んだが、この本は全く読む気がなかった。でもこの日たまたまお父さんが読んでいるのを見てどういう内容なのかを聞いてみた。

「これはその著者の2冊目の本だけど、世の中は会社員と自営業とビジネスオーナーと投資家の

4つに分かれていてその違いや、自分がどこの部類に属していて、そこから金持ちになるにはどうしたらいいかというようなことが書いてある……」という話やった。内容を少し聞いたので読んで見ようと思い、親父がその本を持っていたので借りて読んでみた。「目から鱗が落ちる」というのはこういうことをいうのだろうと思った。それは全くといっていいほど自分に当てはまる内容だった。おれは小さい頃から仕事でもお金のことを言うのはいやらしいと教えられてきたが、お金のことを学ぶのはとても大切だと思い知らされた。

おれの親は自営業で鉄鋼所をしていたが、その理由は親父の性格もあるが、がんばればサラリーマンよりも贅沢な暮らしができるというものだった。でもおれが小さい頃から見てきたもの、体験したことは、おれは幼稚園の頃からいつでも鍵っ子、そして大きくなっても親は毎日夜遅くまで働いて休みもほとんどとらずにがんばっている姿だった。結局人の2倍、3倍働いているだけだった。そして27年経った今もあの頃と変わることなく毎日一生懸命働いている。歳をとり体力も衰えているが中身は変わっていない。別にそれが悪いというわけやない。ただ歳をとった体はこの状態をいつまでも続けることはできない。おれが親と同じ考えで同じことをしていたら全く同じようになるやろう。

今の会社にも似たような部分がある。おれは今までそれは美徳であると思っていた。でも実際に自分が働いて体験してやはりお金というのは全てではないが力を持っていると充分に感じることができた。そしておれがこうなった原因は自分にある、何よりも自分が悪いからだということを学んだ。この本の教訓は、他人を変えるより自分を変えるほうが簡単である、ということやった。思えばおれは今までいつも自分を正当化して他人を変えようとしてきた。でもそれは間違いやった。性格や考えなどは本人が自覚して初めて変わるものであって他人から言われてもほとんど変わらないか、反感を買うだけだ。それよりも自分を変えるほうが手っ取り早い。今の家庭の状況も会社の人間関係も全て自分がそうしたのである。それに満足できないのは、それは自分が悪いのだ。おれはこの本に出会っていなければそういう考え方ができなかったと思う。内容もすごく興味深いものやった。

それからはおれは愚痴をこぼすことがなくなった。すでに変わろうと行動を起こした後だったが、今から思えばそれは自分が変わったのではなくどこか外に答えを求めていたのかもしれない。体の調子はとてもよかった。ストレスも強く感じることはなかった。もう先は長くないと思うとがんばろうという気持ちになれた。そして平成13年9月11日。アメリカでテロ事件があった。世界は緊張状態になった。観光旅行も激減してどこの国も不安になっていた。でもおれには全然関係なかった。たとえ戦争が始まってもおれはニュージーランドへ行くつもりやった。テレビでは毎日テロの悲惨な情景が映し出されていた。

そんなある日、楓華と夜、風邪薬を買いに行って帰ってきた時やった。すぐ隣にある線路で電車が物凄いブレーキ音をたてて止まった。止まるはずのない特急列車が駅をだいぶ通り過ぎて止まっている。「これは絶対なんかあったぞー」と思い、子供をほったらかして走っていった。楓華が、「おとうさ〜ん。まって〜」と泣きながら走ってくる。

「はよこんかい！」

そのおれの姿を見て前の家に住んでいる親父さんも走ってきた。楓華を抱えて電車の先頭に走って行った。親父さんに、「なんかあったんですか？」と聞くと、「いや、あなたが走っていくのを見て何やと思い来たんです」という返事やった。

電車の先頭に行ったが何もなかった。すると運転手が袋をたくさん持って慌てて降りてきて電車の後方に走って行く。

「向こうみたいですよ」

おれたちもその後を走って行った。ただの野次馬にすぎなかった。走っている途中で駅のアナウンスが聞こえてきた。

「ただいま人身事故がありました……」

反対行きの電車も止まっている。2、3人の駅員が袋らしき物を持って降りてきて懐中電灯で辺りを照らしながら何かを探していた。その地点までまだかなり距離があったので走るのを止めた。そして線路を見ながら歩いていると思わず立ち止まってしまった。

「あそこにあるの顔とちゃいますか？」

「ど、どれ？」

「ほら、その線路の間に落ちてるの」

「……ほんまや」

そこには頭の後部が半分ぐらいで首から上だけの顔があった。暗くてはっきりとはわからなかったが、髪の長い女の人に見えた。駅員たちはだいぶ先にいる。どうやら胴体部分に袋をかぶせているようだった。

「これ、首だけここまで飛んできたみたいですね」

道路の方に目をやるとあちこちに肉片が飛び散っていた。1人の駅員が、「あと、どっかに首が……」と言いながら電灯を照らして探していた。

「ここにありますよ」と教えると慌てて走ってきた。そして、「どうもご協力ありがとうございます。でもこういうのは小さいお子さんには見せないほうがいいと思いますので、どうか早く帰ってあげてください」と言うのだった。

楓華と2人で家に帰りながらおれは、「あんなもん見んでよかった。頭から離れん」と心の中で呟いた。しかしこういう事故のために駅員がちゃんと袋を用意しているのには驚いた。玄関に入る前に塩を振ってもらいユウキにその話をした。でもテロの現場や紛争の絶えない国では今さっきのような状況が当たり前のようにくりひろげられているのだろう。ちなみにその時いっしょにいた親父さんは、よせばいいのに今度は家族で見に行って奥さんがまともに電灯で照らして、「ぎゃー、見んでよかったー!」て言うとったらしい。翌朝の新聞には身元不明の30代の女性とでていた。テレビでテロの現場を毎日映していたのでそれと印象が重なったのを覚えている。

10月になりいよいよワーホリのビザが届いた。予定では2月やったが、少しでも可能性の高い時に行きたかったので年末で仕事を終了し、年が明けて冬休みが終わって航空運賃が下がると同時に行こうと決めた。4月以降一度も詳しい内容は社長に話してなかったが、いよいよビザがきてはっきりした予定を伝えないといけなくなった。

「海外移住の件ですけど、ビザも届いて予定も煮詰まってきたのでまた時間のある時に話をさせてください」と告げると、社長は、「ほんまに行くんかいな」という顔付きやった。テロがあったばかりだからそう思ったのかもしれない。ビザを見せて内容を説明して年末で仕事を終えて年明けすぐに行きたいことを話した。

11月の最後に社長から石井さんと社長の兄貴さんにおれの退社の話があった。翌月、社長は職業安定所に求人をかけておれの後任を探した。何人か来たがみな不採用やった。一番にお金や休みのことを言う連中が多かった。その中には中国人もいた。以前は親父と2人で野菜を洗っていたけどリストラにあって今は無職だそうだ。親はもう40歳を越えているので就職は難しいし、息子1人で親と中国にいる祖父祖母を養っていかないといけないらしい。でも息子は親と違って日本語はほとんどしゃべることができない。給料は最低でも30万はほしいという。一からのスタートでそれだけほしいなら、業種を変えたほうがええ。それと、この業界では言葉1つ間違えることが命に関わることもある。とはいえやる気さえあれば問題なかったのだがやはりお金の面で断ってきた。「こいつは話にならへんな。なんぼなんでも野菜洗いからいきなりこの仕事は無理やろ」と思いながら彼ら中国人親子を見ていた。

年末までは早かった。会社の最後の忘年会にはユウキや子供も呼んでくれた。そして仕事の最終日にみなで飲みにいった。そこには会社関係でいつもお世話になっている人たちも参加していた。みな快く送り出してくれた。

「無理だけはしたらあかん。ダメだと思ったらいつでも戻ってきたらええ。ここにいる連中は今とまったく同じ状況で迎え入れるから。恥ずかしいとか、意地になるとかしたらあかんで。家族があるんやからな」

その気持ちはうれしかった。でももう戻ることはないだろうと思っていた。社長たちもそれは感じていた。おれはニュージーランドがだめならそのままカナダに行ってでも成功するという気持ちやった。社長は今回の件について、「お前を休職扱いにする。海外に行って仕事を見つけて家族を呼び寄せて万事うまいことといった時にわずかやけど退職金を払おう」と言ってくれた。こんな会社はほとんどないだろう。しかしこれはおれにとっては海外で成功するかここに戻ってくるかの2つの選択しかないということを意味していた。

平成14年がやって来た。今年はワールドカップが日本と韓国で開催される年である。出発は1月7日やけどその前に今回のおれの行動でわかったことがいくつかあった。家のことや私事についてやけど、そのおかげでいろいろ知ることができた。毎年1回は年末や盆などに死んだほったいて君の墓参りには行っとったけど、その後も、そらが生まれ海外に行こうかと思いはじめた時に墓前に報告しに行っていた。そしていよいよ会社との話も決着したので、墓に向かって、「まずおれが最初1人で行って仕事を見つける。その後家族を呼ぼうと思っとるけど、どの国にするかというのが問題や。ニュージーランドかカナダがええと思うけどお前はどっちに行きたい？　ここに100円あるから表やったらカナダ、裏やったらニュージーランドや」。そういってコインを投げた。何回かやったけどばらばらで結果はぜんぜんわからんかった。

その日の夜やった。昔おれたちの結婚式に出てくれたユウキの友達から久しぶりに電話があった。彼女は最近霊感の強い人と知り合いになっていろいろと教えてもらっているらしい。そして運がないのは名前が悪いからだということで自分の名前を変えたという内容の電話やった。その霊感の強い人は彼女の家に来ていろいろと悪いものを持って帰ったという。その中におれたちの結婚式の集合写真があった。その人はほった君を指さして、彼女の中の何かが彼に移ったようなことを言ったらしく、そのことをユウキに話した。ユウキが、「その人事故で死んじゃったよ」と教えると、それを聞いた彼女はショックを受けていた。しかし、もっとショックを受けたのはおれたちの方やった。自分たちが結婚したせいでこうなったんか、と思ってしまった。ほんまかうそかわからへん。やけどおれにとってはあまりにもタイミングがよすぎる電話やっただけにほんまに信じてしまうがな。

おれは次の日もう一度ほった君の墓に行って、「そうやったんか。そら成仏なんかできんわな。コインなんかで決めたらあかんな。自分でじっくり考えるわ。いっしょについてこいや。というてもお前は勝手について来るやろ」と語りかけた。この出来事があったおかげでひとり旅という気もせんかったし、あいつがいつもそばにおると思えた。

次は家の話や。家族を残してニュージーランドに行くということについて自分の家の家族も親戚もみな賛成まではいかないまでも理解をしてくれ気持ちよく行かせてくれたのには感謝した。そして今回もカナダの時同様に、親父が、「何が起こるかわからないし、こんな時しか行けないから」と言うのでみんなで家族旅行をした。おじいちゃんには改めて話をしようと思っていた。今度は嘘もつけないので正直にニュージーランドに行ってくると言った。

おれにとっておじいちゃんはものすごくかっこいい存在だった。自分から兵隊に志願して満州に行き、怖いもの知らずで度胸もあり並はずれた力も持っていた。頭もキレるし器用で何でも自分で作っていた。それだけに逆らう者は誰もいないし短気でがんこだった。もちろんおばあちゃんも親父たちも逆らうことができない。孫であるおれたちにはとてもやさしかったが、それでも毎日おじいちゃんの顔色をうかがっていたと思う。集団を嫌いいつも一匹狼みたいな感じで、思い立つとすぐに行動に移しむちゃくちゃするけど、最後は「見さらせ！」という仕事をする。まあ親父が大変やったと思うわ。刺青したヤクザが来ても蹴り飛ばして、「おどれー、わしとサシで勝負できるんやったらいつでも相手になったるわい」とかっこいいタンカを切った。

「わしゃ死ぬんは別に怖ない」が口癖で、相手が誰だろうとおかまいなしやし、酒の勢いで真剣と銃を持ち出してケンカになった連中を止める時も、裸になって「的になったるから撃てるもんなら撃ってみんかい」といって止めたりしとった。

おそらく昔はこんな人はたくさんいたと思う。戦争をくぐり抜けてきた人たちというのはやっぱり貫禄が違う。おじいちゃんは若い頃、「わしは中国に行って馬賊になるんじゃ」と言って家を飛び出したそうや。馬賊とはその字の通り馬に乗って金品を奪う盗賊のことや。そしてほんとうに中国まで行った。でもそこで爆発した地雷の破片がこめかみに刺さり日本に帰った。あの時の傷が治ったのは奇跡に近いらしい。地雷の破片は今でも頭の中に残っている。その話をおれは小さい頃から、「おじいちゃんな、鉄砲の弾がこの中に残ったままなんや」と教えられ、それを作文に書いて小学校で堂々と発表した。今から思うと、こめかみに銃弾をくらって生き延びるやつは超人や。おじいちゃんは戦時中に満州で中国人に針を教えてもらい、今でも自分で打っている。謎だらけの人物や。

ある日、友達と親父の手伝いをしている時、おれと友達が、「ステンレスってなんで錆びひんのやろな」と話しているのを横で聞きつけたじいちゃんがのっしのっしと歩いてきて、「よしひろよー。なんでステンレスは錆びひんのじゃあー」と改めて聞いてきた。友達と顔を見合わせ、「いや、わっからへん。なんで?」と尋ねると、じいちゃんは一言、「ニッケルじゃ」と断言した。すごい威圧感やった。そして勝ち誇ったように帰っていった。

「そ、そうか。ニッケルなんや」

その時はさっぱりわからん。でも、なんかようわからんけど「ニッケルなんや」で納得させられた。

とにかく、おれの家にとって祖父の存在はとても大きいものやった。今回のことでも何を言われるのか心配やった。おれが今度の計画についてざっと話すと、おじいちゃんはキセルを吸いながらゆっくりとこう言った。

「わしらが若い時にブラジルに行って働こうという話があった。わしはそれに憧れてのう。小作人で自分の田畑がないけどブラジルに行ったら広大な土地が自分の物になるんや。親父に黙って行こうとしたけど、あとちょっというとこで見つかって結局行けなんだ。あの時行っとったらどうなっとったかのう。お前もやってみたらええ。お前の時代、その後の楓華たちの時代はもっと厳しい時代になるかもしれん。でもそれはしゃあないわ。この国はあかん。今の政治家もろくな奴がおらんわ。まあやってみんかい。ただしお前についてくる責任は重大やぞ。それを忘れずに自分の目で見てよく確かめて見極めてこい。あかんと思ったら迷わず帰ってこなあかん」

ニュージーランドに行くことに関してはこれだけで終わった。その後は寺の坊主の矛盾やらじいちゃんとその親父（ひーじいちゃん）の親子関係を語りだした。後にも先にもこの日しかわが家の先祖の事情を聞ける時はおそらくないであろう。おれはじいちゃんに家に祭ってある竜石さんについて尋ねてみた。話は電話交換手のふさ子から始まった。どこまでほんまかわからんけどその時の話をここに書き記しておこう。

その頃ひーじいちゃんの弟は大阪のクリーニング屋で働いていた。その時に電話交換手のふさ子さんに恋をしてはくめい稲荷に結婚できるよう毎日お参りをしていたらしい。そして最後の日、本人も今日は何かがあると思っていたらしいが、ちょうど水が出ていて柄杓がたくさんあるところで水を飲むか手を洗うかしている時にそこにある全ての柄杓がひっくり返ったらしい。帰ってきた時には頭がおかしくなっていた。そして苅屋にある海源寺に霊能力の強い住職さんがいるのでひーじいちゃんの弟を子供のおじいちゃんがリヤカーに積んでそこまで運んで行った。住職は狐がとりついていると言い、その狐を懲らしめて体内から出してやった。そのお蔭でひーじいちゃんの弟は正常に戻った。そしてしばらくして兄のひーじいちゃんから、「せっかく治してもろたんやから、お礼ぐらい言いに行っとけ」と言われ、ひーじいちゃんの弟はそれもそうだと自転車で海源寺に向かった。その時にたまたまおじいちゃんが河原で拾ったいい音色のする鈴を自転車に付けてあげた。

ひーじいちゃんの弟は寺へのお礼を終えた後、土手を通りながら帰ってきた。同じペースで自転車を漕ぎ一定のリズムで鈴が鳴る。それを気持ちよく聞いていたものがいた。自転車は王子橋の前の地蔵さんの前にさしかかった。弟はお礼だからか気分がいいからかわからないがお地蔵さんにも参ろうと自転車を停めた。その時、今までリズムよく鳴っていた鈴がハタと止まり目覚めたものがいた。やがて弟が家に帰ってきた。でもその時にじいちゃんたち家族が見たのは再度頭のおかしくなったひーじいちゃんの弟だった。朝まともだった人間が、帰ってきたらまたおかしくなっている。再度海源寺に連れて行った。その時に住職は、「こりゃ王子越えの狐じゃ」と言ったらしい。この2回の出来事でひーじいちゃんの弟にはどうやら守護神がついたらしい。そして八王子大権見の力を借りて揖保川に流された立江地蔵と不動明王の石を拾いあげた。そして2つの石を権見さんの神の許可を得てその後ろ山の上に祭った。さらに石を拾い上げたお礼にと、もう1つ竜石さんを拾ってきてそれを家の守り神として庭に祭った。これがいま家の庭に祭ってある竜石さんのいきさつだ。おれはただ話を聞いただけやけど、じいちゃんはそれを実際に見てきた。そして、「お前ら信じられへんかもしれんけど取り憑かれたらほんま急に変な声出して踊りだしたりするんや」とさらにこんなエピソードをおれに語ってくれた。

ひーじいちゃんの弟には常に神が乗り移っていろんな言葉をしゃべっていた。急に声が変わり性格も変わる。ある日ひーばあちゃんが山で小便をした時、次の日から高熱を出した。小便をしたところに霊があったらしい。何度も謝ってやっと許してもらったそうだ。またある時はひーばあちゃんが下からはしごで2階に上ったら次の日から高熱にうなされた。竜石さんは「おなごがわしの頭の上をまたいだ」と怒ったのだそうだ。話だけでは信じられんかもしれんがこの2つは親父も実際に見ている。おれはそんな体験はないけども今までを振り返ってみて、自分の周りを見てみたらよくわかる。父方も母方もじいちゃんばあちゃんがいてみな健康で事故もなく仲良くやっている。嫁にも子供にも恵まれて会社の人たちにもかわいがられ助けてもらっている。

楓華、そら。お前らがどう思おうとそれは自由やが、じいちゃんから聞いたここまでの内容は、親父もおれの弟も知らん話や。お父さんは意味がわからんことをするのが嫌や。なんで死んだら金を払ってお経を唱えてもらわなあかんのやろ。なんで何かにつけてお祝いやお返しをするのだろう。とくに神事に関しては意味もわからんのにやることが多い。そういう意味でも自分の家のいわれは知っておいてほしい。こういう事情を知っているからどうしてもおれはいろんな出来事とそのいわれを結びつけてしまう。おれがスムーズにここまでこれたのは、先祖や神さんの力もあると思っている。初詣も家の竜石さんと権見さんとその山の上の不動さんしか行ったことがない理由もお前たちが大きくなればわかるだろう。

話は戻るが、年が明けていよいよ出発の日が近づいてきた。7日に出国して仕事が見つかるまで外国でがんばりたいけれど、おれたちの結婚式に出席してくれた友人が2人相次いで結婚する。どうしても祝ってあげたいので一度3月の終わりに帰ってこないといけなくなった。それまでユウキと子供たちは、おれの実家でじいちゃんばあちゃんと親2人といっしょに暮らしてもらう。今までに貯めたお金は80万円やった。けどこのことはまだユウキには内緒にしていた。そして母親に結婚式の前にもらったお金を渡して、「おれが行っとる間の生活費をこれでみてほしい」と頼んだ。使いたくはなかったけどユウキに余裕がないのはわかっていた。すでに学資保険、生命保険などはすべて解約していた。

出発の日、ユウキが申し訳なさそうに、「これだけしか渡せないけど」と言って向こうでの生活費をくれた。15万円だった。この金でニュージーランドに行って仕事を見つけて家族を呼んで生活を軌道に乗せないといけない。ビザの期限は1年あるけど短期決戦になる。もしもの時のためにそれ以外に10万だけ持っていた。年末調整の金やった。一言でニュージーランドといっても広い。どこに住むかで環境も生活も変わってしまう。とにかく最初は出来るだけ早く国を回ろうと思い荷物を最小限にした。そして2002年1月7日、リュックを1つだけ片手に持ってほった君の墓に行き、「行くぞ!」と言ってからいよいよ念願のニュージーランドに飛び立った。

第4の冒険の書「ニュージーランド移住計画編」

２００２年１月７日。関空から大韓航空機で韓国経由でニュージーランドに行く。時間と金額を考えて選んだチケットだったが、やはり乗っているのは韓国人が多い。韓国で乗り継ぎの便を待っている時に１人で大きなバックパックを背負い椅子に座っている女の人がいた。日本人にしか見えず、「この人も１人でいくんや」と思い、「ニュージーランドに行くんですか?」と尋ねたら、英語でしゃべってきた。全く予期せぬ答えに思わずでたのが、「あー、イッツ　OK!」やった。なにがOKなんか自分でもわからん。彼女は変な顔をして向こうに行ってしまった。「あかん、英語力ゼロや」そう思いながら周りを見ると表紙が日本語で書いてある本を読んでいる人がいたので話しかけた。その人は毎年夏のニュージーランドにカヤックをしに行っている青木さんという人だった。どうやら同じ飛行機に乗るらしい。

乗り継ぎの時間がきて飛行機に乗る時に全員の荷物検査があった。テロがあった後だけにどこの国も厳しい目で見ていると感じた。おれの順番がきた。韓国語でしゃべるのでぜんぜんわからん。でもみな靴の裏を見せていたのは知っていた。何もつけてないか調べているのだ。でもおれはなにを思っていたのか知らんけど１人靴を脱いで足の裏を見せた。「違う、違う」と検査官は言っている。あわてて反対の足の裏を見せた。検査官は靴を指さした。そこでやっと気付いた。

飛行機に乗るとキムチ臭い。おれの席は一番後ろの便所の横やった。機内はとにかくやかましい。日本の飛行機のような静けさがなかった。満席でニュージーランドのオークランド空港に向かった。そして機内食がでてきた。

「ビーフですか。ビビンバですか？」と聞かれビーフを頼んだ。韓国の飛行機に乗っていながらビビンバを食べなかったことをいまだに後悔している。しかし問題はその後や。次から次へと便所にうんこしにきやがる。こっちはすぐ横やからうるさわ臭いわうっとうしいわで寝ることもできん。もういやや！

８日。オークランドに到着。出口で青木さんに会ったので町までバスでいっしょに行った。青木さんは何度も来ているのでいろいろ知っていた。おれはすでに日本からホテルを予約していたので青木さんの荷物を持ってユースホステルのＹＨＡまでついて行った。青木さんのその日の予定を尋ねると、日本人の経営している中古車屋で車を買うというのでもし迷惑でないならいっしょに連れて行ってくれと頼んだ。去年はワーキングホリデーで来ている人から車を買って途中で壊れて痛い目に遭ったらしく、今回は少々高くても保証がついているほうがいいという話やった。それから青木さんといっしょに自動車屋に行った。ニュージーランドに来て初めて会った日本人はＴＡＭＡ ＡＵＴＯのシンジさんだった。そこでいろんな情報を教えてもらった。おれは今回は国際免許を持ってきていないので車に乗ることはできない。青木さんは気に入った車があったらしく明日お金と引き換えにとりに来ることになった。このシンジさんという人がとても印象深かった。

この頃のニュージーランドは夜の9時頃まで明るかった。しかしおれのこの国に対する第一印象はあまりよくなかった。ユウキの話が膨らみすぎていたのでもっときれいでのんびりしたイメージがあったけど、実際の町は汚くてごみごみしていた。まあ一番人口の多い都市の中心部やからそうなのかもしれんけども。

次の日は朝からＪＴＣというワーキングホリデーで来ている人たちをサポートしている会社に行った。こういう会社は幾つかあるがおれは日本ですでにここの会員になっていたので様子を尋ねてみた。そして銀行口座を開くのを手伝ってもらい携帯電話を借りてユースホステルの会員になって電話のカードを買った。スタッフはみんな日本人なので言葉には困らない。ワーホリで来た人はほとんどが最初は語学学校に通いホームステイをして現地に慣れることからスタートする。しかしおれには時間も金もなく海外の文化を学び貴重な体験をしていい思い出をつくりに来ている連中とは少し違っていた。おれは、政府が出しているこの1度しか使えないビザを人生のひとつの分岐点として利用しようとしているのだ。ワーホリはやはり学生や女性が多い。

その後青木さんといっしょに車を取りに行った。彼は車が手に入り次第すぐに目的のカヤックをしに行くため、明日にはタウポという美しい湖のある町に行くという。おれもできるだけ早く国を回りたいのでいっしょに連れて行ってもらうことにした。

10日。タウポに到着。ここはとてもきれいな所やけど町は明日ゆっくり見てみよう。初めて泊まったＹＨＡはなかなかきれいでいいホステルやった。泊まる部屋は４人部屋でみんな日本人である。次の日。町を歩いてみた。いろんな店が立ち並んでいる。観光地以外の何ものでもない。休日を利用してみなここにくつろぎにくる。日差しがきついのでサングラスを買い、見物がてら仕事を探してみたが、まだ3日目で他を見てないのでなんともいえんかった。芝生の上に座って湖を眺めながらおれはこう考えとった。「仕事を探すいうても何をするよ。ここでは飲食店か土産物店しかないやんけ。今までやってきた仕事に関連するもんでもあればまた話は違うんやけども……」。

その日、同じ部屋の小林さんがネイピアの町が工業都市かもしれない、というので明日行くことにした。タウポはいい所だけど、2日で充分やった。

12日。バスに乗って数時間、海のそばにあるネイピアに到着した。タウポのほうが良かったというのが第一印象。それにしても天気が悪い。インフォメーションに行くと旅行者が何人かいた。みんなが観光に関することやチケットやアクティビティについて聞いている。そのためのインフォメーションやけど、おれが、「私はエンジニアです。工業都市はどこにあるか教えてほしい」と聞くとやっぱり困った顔をされた。そしてイエローページ（日本でいうタウンページ）を持ってきてこれで調べてくれと言われた。その日は単語をひろい出してタウンページで調べての繰り返しやった。でもこの町には全然そういう仕事はなさそうやった。歩きの範囲でしかわからないので翌日タクシーを借りれるかどうか試してみた。タクシー乗り場で運転手に、「初めまして」と手を出すと変な顔をされた。「ハウマッチ、ワンデイ?」と聞くと、「はあ～?」と言ってくる。日本の観光地などはタクシーを1日借切りにできるがこっちではなさそうである。100ドルで1日いけるかと聞くと、3時間で150ドルと言いやがった。「なんやと、愛想の一つもないんかい、もうええ、次の町や」と頭にきた。

そもそもニュージーランドという国は、北島と南島に分かれている。ネイピアも北島にあるが、おれはここで決断して2日かけて一気に南島のクライストチャーチまで行くことにした。今日は夕方までいい天気だったので海岸沿いをず〜〜っと歩いて行った。景色を見るより考え事ばっかりやった。なんともいえん気持ちやった。なんだかんだ言いながらここまでやって来ていろんな人に出会い、その人たちの影響でここまで流れ着いた感じや。それなりにニュージーランドを楽しんでいるつもりや。日本とは180度違う生活パターンにも少しは慣れてきたかな？　しかし1日30ドルでは生活できひんな。どこかに定住せんと金が出て行くばっかりや。最終地のクイーンズタウンまで観光してみようかな。

14日。5時間30分ほどのバスの旅はさすがにしんどい。朝は腹の調子も悪いし、でも明日はもっと長い旅になる。大丈夫やろか……。ここウェリントンはニュージーランドの首都だがオークランドのほうがはるかに人口が多い。町の中心部はかなり良かった。日本人もぜんぜんいない。企業のビルがたくさんあり、日本みたいな感じもした。けど自然があまりないように思えた。このＹＨＡで知子さんという人にいろいろと教えてもらった。彼女は数カ月ここに住んでいたらしく働くには一番失業率の低い町かもしれないと言っていた。一応チェックしておこう。

翌日、朝からフェリーに乗って南島に向かう。そのフェリー乗り場で吉村さん夫婦に出会う。40～50代の夫婦で世界中を旅行しているようだった。フェリーの中でこの夫婦にお菓子やおにぎりをもらい話も弾んだ。フェリー到着後、「またどこかで会うかもしれませんね」と言いつつ別れた。そのまま列車に乗って長い時間揺られていた。海岸沿いを走っているのだが天気が悪くいろいろ考え事をしていたせいか感動もなかった。クライストチャーチに着いてYHAに泊まる。ここでは1年近く住んでいるのぞみさんに話を聞く。時間が限られているのでおれは長く住んでいる人に町の情報をいつも聞いていた。町の雰囲気は悪くないと思った。さすがに10時間の旅は疲れた。

そして次の日、今まで聞いてきた話では働くには英文での履歴書が必要だとわかったのでこの町にあるワーキングホリデーセンターに行って、20ドル出して作ってもらった。この国は日本人のように謙虚ではダメで自分をアピールしないといけないというのではったりばかり書いてやった。おれは各種自動機、油圧、空圧機械組み立て、設計製作ができ、機械はマシニング、NC、ワイヤーカット、CAD／CAM……等々が使える。専門的な点でいろいろ説明したけどそこのスタッフはなんのことやらさっぱりやった。日本人でも説明するのが難しいのに英語でそれを書くのはもっと大変や。作ってもらったのはおおまかなことを書いた文章やった。

「これでいいですか？」

「いいですよ、後は僕が体を使って説明します」

明日は一応今回の旅の最終地であるクイーンズタウンに向かう。その後どこの場所で働くかを決めて戻って来る予定や。この日は勇太さんと知り合った。農場にファームステイしていたらしくいろいろ話を聞かせてくれた。女性はいろんな人がワーホリで来ているが男性は若い人が多く、彼も21歳の大学生だった。

「羊たちが最初は呼んでもぜんぜん来なかったのが最後はどんなに遠くにいてもこっちに走ってくるようになったんですよ。でも統率を乱した奴は殺されるんです。一番心に残っているのはかわいがっていた子羊が食卓に並んだ時です。絶対に残さずに食べてあげようと思いました」

そんな楽しい話を聞かせてくれた後に、スパゲッティまでごちそうしてくれた。今日はお金もたくさん使った。

17日。8時間かけて最終目的地のクイーンズタウンに着く。ユウキの言った通り一番いい所やった。リゾート地で観光客もくさるほどいてうんざりしたけど、夕方の湖や、山や町の景色はきれかった。ここにはしばらく滞在してみようと思い、ＹＨＡには4日間泊まり、その間に住む場所と仕事を探すことにした。

18日。ほんま毎日天気の悪い日が続く。今日は町を見学しながら何カ所かある掲示板を見に行ってフラットという1つの家を何人かでシェアする貸家の情報や求人の情報を集めた。それらは新聞にも載っているけれどもちろん全部英文である。時間の関係からすぐにでも住みたいので日本語で書いてあるのを探した。まず近所のクイーンズタウンガーデンの近くにあるフラットを見に行った。町まで歩いて5分ほどだ。みな何カ所も見て回って決めるらしいが性格的に次を探すのがめんどくさいのでそこに決めた。汚いけどおれ1人やったら別に構わない。それと短期で借りることができたので、先のわからないおれにとってはここで数カ月契約するのも困ることだった。最初の何日間かは今いる人と1つの部屋をシェアするが相手もそれで構わないというので助かった。これでようやく落ち着くことができる。月曜から入ることになった。

19日。YHAなど共同で使うキッチンやランドリーはいろいろ問題もある。知らん外人のおばはんに勝手に洗濯物を上げられて結局乾かんかった。ほんまに腹が立つ。リュックに入る着替えの服は3日分、下着は5日分しか入れてないから洗濯の回転率はめちゃくちゃ早い。今日は町のお土産店を見て回り、ずっとしゃべっていた。というのもカナダのバンフほどではないけどもここも日本人だらけで、お土産店も日本人スタッフが多い。働いている人はほとんど女性でワーホリからそのままワークビザに変えてもらい、2年、3年いる人もいた。この日は、りえさんという、ニュージーランド人と結婚して旦那が転勤でこっちに来たのでここで働いている人と話をした。おかげでどこの店がいいとか悪いとか実際の生活はどうかなどの情報を入手することができた。この日の夜は死んでしまうかと思うぐらいうなされた。思わずおれが「女とばっかりしゃべっとるからやろか」と思ってしまった。

今になってわかったことやけど、おれはどうも無呼吸症候群という病気みたいや。いつもいびきがひどく、息が止まることが多いらしい。あまりに苦しくなって息をしたと同時に目覚める。

この日は一番ひどかった。肥満体の人に多いらしいがおれはぜんぜん太ってない。それどころか痩せていくばっかりや。料理なんか作る気もないし金も使えんからコーンフレークや水で生活しとる。苦にはならんけど体重は減って行く。帰るまでの3カ月は旅行保険には入っとるけどもまだ死にたくない。不規則な生活が原因やろか。

20日（日曜日）。この日は今までで一番天気のいい日やった。ここにはゴンドラがあり山の上から町や周辺を一望することができる。今日はゴンドラで上に行ってみようと思いチケットを買った。ゴンドラは4人乗りだったと思うがおれ1人が乗客やったんで、男の子と少しふけて見えるがおそらくお母さんであろう2人がいっしょに乗ってきた。そのまま頂上に着き上から景色を眺めてみると、ほんとうにいい所だと思った。バンフを小さくした感じでまあ典型的なリゾート地と言えばそれまでやけど。そして下に降りようとゴンドラに乗った時、偶然にもあの親子とまたいっしょになった。ゴンドラの中で彼女が話しかけてきた。海外に行っている時はいつも名前で呼ぶので今回もおれの名前は「ヨシ」だった。マリオのゲームで「よっしー」という恐竜がいるので子供も大人もすぐに覚えてくれる。彼女は学校の先生をしていて、今は化粧品を土産店に卸しているらしい。クライストチャーチから休暇でやって来たらしい。おれが自分の話をしたらなぜか気に入ってくれて、商品を卸しているお店のオーナーを教えてくれて、「ここに私の紹介できましたと言って話をしてごらん」と自分の名刺の裏に相手の名前を書いてくれた。帰りに子供がいっしょにクライストチャーチに行かないかと誘ってくれたがフラットに入ったばかりだったので断った。早速紹介された店に行き話をしたが、2月にもう一度来てくれと言われた。時間が余ったのでハリーポッターの映画を観に行った。さっぱりわからんけど画像でストーリーは想像できた。終わると原作の本が読みたくなってなんとなく買ってしまった。

日本円で5万円が今日でなくなった。仕事のタイミングがなかなか合わない。仕事はどこもキッチンハンドやベッドメイキングやお土産店など観光客相手の仕事しかない。そしてそこには日本人のワーホリの子がたくさん働いている。日本と違ってみな真剣だ。所持金が少ないので働いて生活している人がほとんどでワークビザの子もたくさんいる。そうここではそんな一般の若い人たちとおれは同じ立場になっている。それどころかここまで英語ができない人間もなかなかいない。働くには不利な条件やった。ましてワークビザともなると最低限の会話はできんと話にならん。

でもまだやり残していることがあった。クイーンズタウンにあるワーホリセンターではおれはもう顔になっていた。そこで工業関係の会社はどこにあるか尋ねたら隣町に少しあるというので詳しく調べるために図書館へ行きタウンページで精密機械という部門で探したが見つからず、その代わりに一般部門で2件ほど見つけた。とにかく現地の企業に挑戦しないと気がすまなかったのでその日の夜は面接で言いたいことを英語で書いてみた。単語をつないだだけやったけど履歴書といっしょに見せようと思った。残りはボディランゲージや。

21日。朝からバスに乗って隣町のフランクトンに行く。住所を地図から探してなんにもないところを3キロほど歩く。日差しがきつい。やっとたどり着いた所は小さな工場やった。ここまできて引き返すのも嫌やから、とにかく中に入っていった。珍しそうな目でおばちゃんがおれを見た。

「ハーイ」と軽い挨拶をして、「I,m looking for job（私は仕事を探しています）」と言った。後の言葉は考えてなかったので、とにかくこれを見てくれと履歴書を出した。おばちゃんは奥から旦那さんを呼んできた。履歴書を見て2人がいろいろ尋ねてくるがぜんぜんわからん。しばらくしたら図面を持ってきておれに見せて、「わかるか」と尋ねる。図面を見ると見たこともない記号や書き方でおれにわかるのは全世界共通の数字だけや。仕方なく、「あ～日本のとちょっと違う」と答えた。すると今度は工場の中を案内して片っ端から、「使えるか?」と溶接機や機械を見せて尋ねてくる。自動機の油圧や空圧と書いてあるのに、油圧ホースを造る機械を見せて、「これが使えるか?」と聞いてくる。おれはUSE（使える）、とNOしか言えんかった。正直全部見たことないし全て英語やからちんぷんかんぷんや。そして事務所にもどった時にもう1枚の用意してあった紙を見せた。

「私の父は階段や手すり、架台やいろんな種類の溶接をすることができる。私は父の手伝いを毎年していた。だから簡単な溶接もできる。理屈は理解している。しかし私は英語を話すのが上手くない。だから2カ月時間がほしい。私には2人娘がいる。私は自然の中で子供たちを育てたい。日本では毎日仕事、仕事だった。私は家族が大切だということに気付いた。最初は手伝いだけでいい。もし私が必要ないなら、いつでもクビにしてくれ。しかし、もし私を雇ってくれたら必ず良い結果を出しましょう。私が思うにこの先もっとたくさんの日本人が来て英語をしゃべらなくても生活できるようになるかもしれない」

おれの文章は、日本語でもちょっと変やけど英文はほんまにむちゃくちゃや。読み終わった後、彼らは笑っていたが、最後に、「君の持っている技術はすばらしい。だけどこの業界は言葉一つ間違うことが命に関わることがある。だから英語の学校に行き勉強してからもう一度来てくれ」と言って、その後で語学学校まで調べて電話までかけて、「ここに通いなさい」と住所を書いた紙をくれた。日本人がこんなところに来たのは初めてらしくとても親切だった。「話せるようになったらもう一度来なさい」と言ってくれたが、しかしおれには学校に行く予算はない。

それでもクイーンズタウンにもどり、ワーホリセンターで一番安い学校を探してもらった。午前中のコースの金額を聞いて驚いた。2週間で600ドルもする。どうがんばっても2週間が限界や。ユウキに電話してビザカードを使うことを伝えた。おれは1日コースか半日コースかを選ぼうと思った。主に午前中は文法で午後はフリートークだ。学校に行っている連中はみな文法はよく理解できているのがほとんど。でもおれは中学1年程度もわからない。訪ねて行った工場の人も、「君の言いたいことは大体わかる。体を使って説明しているからね。でも文章はむちゃくちゃだ」と言っていたので文法だけを学ぶことにした。ちなみに工場の人がしゃべった言葉もほとんどおれのイメージで解釈している。

翌日、学校に入学した。スタートは28日の月曜日からだ。英語しか使ってはいけないが生徒は日本人と韓国人ばかり。最初の日は学校終了後にみんなでゴルフに行くというので参加した。13ドル、日本円で大体800円でコースをまわった。ほとんど遊びみたいなものでみんなとのコミュニケーションが主な目的だった。同じ日に入学した23歳のゆうじさんと知り合いになる。スノーボードをするために早くからこっちに来て、住む所を探すらしい。この日食べたサーモン丼はおいしかった。フラットは全部で5人いてうち4人は日本人、後の1人はフィジー育ちのインド人だ。なんともいえないフラットやけど学校の勉強だけはムダにしたくない。

23日。今日はフラットの連中と焼肉をした。1人出て行くのでその送別会や。毎日お金がなくなっていく。計画を立てとかんとほんまに何をしとることやらわからへん。朝はゆうじさんと図書館に行き、その後仕事を探した。学校が始まるので午後からしか働けない。

24日。26歳になってスケボーをやってみた。年齢を感じる今日この頃や。図書館に行って勉強してから湖沿いを散歩する。この町に来てあっという間に1週間が過ぎた。何か毎日が休みのようで変な感じや。日本のことはさっぱりわからず、早く安定したいと思っている。日曜日までが長く感じる。

25日。とにかく午後からできる仕事をしてみようと思い日本食のレストランでのキッチンハンドの募集があったので面接に行った。

「すいません。キッチンハンド募集という張り紙を見てきたんですけども大丈夫でしょうか？」

「大丈夫ですけど、キッチンハンドと言っても要は皿洗いですよ。はっきり言って雑用ばかりしてもらいますけどもよろしいですか？」

「構わないです。ただ1つ聞きたいことがあるんですが、僕は実は結婚していて落ち着いたら妻子をこちらに呼び寄せたいと思っているんですけど、ここで働いてもし認めてもらえればワークビザを出してもらうことは出来るんでしょうか？」と聞くと、「それは構わないですよ」と言ってくれたので、「じゃあお願いします」と答えた。

「いつからがいいですか」という質問に、「今からでもいいですけど」と答えたが、学校のはじまる月曜日からになった。

それから付き添ってくれたゆうじさんと2人でサーモン丼を食べに行った。この日の夜はフラットの連中との付き合いでバーに行った。飲んだらテンション下がるのになんでおれに飲ますんやろ。頭が痛くてたまらん。雰囲気はなかなかよかったけど、最後のミニディスコはあかん。受けつけん。

翌日はゆうじ君のホームステイ先の子供とゴルフに行ったけど23歳と26歳の男が14歳の子供2人といっしょに遊ぶのはしんどい。会話は対等やけど行動はやっぱり子供という感じがする。そんで今日はメチャメチャ暑かった。午後はゆうじさんとピザ屋でピザを食べたけど愛想の悪いピザ屋じゃ。イーストウィンドのワーホリセンターには毎日顔を出してはコーヒーを飲んでいる。仕事をするために必要なIRDナンバーはここで取った。ここには日本のテレビでやっていたドラマや、バラエティ番組や、映画のビデオがたくさん置いてあってレンタルできるようになっている。ドラマは興味ないし、バラエティも借りてまで見る気はない。映画を観たい気分でもない。そう思いながら奥の方に歩いていくとぜんぜん離れた場所にＮＨＫの『プロジェクトＸ（挑戦者たち）』のビデオが置いてあった。

「これだけ何でここに置いてあるん？」と聞くと、「誰も借りないから捨てるか安く売ろうかと思って……」という返事や。「なんでー。ほんだらおれこれ全部買うわ」と叫ぶとびっくりしていたけど安く売ってくれた。

その日の夜フラットで４人でまずＴＯＫＩＯ主演のドラマのビデオを観た。なんか普段は超人気の役者やけど、実は結婚していて家庭ではふにゃふにゃでそれが世間にばれるやばれないやで……、そんな妙なドラマやった。けどまたこれが泣ける。これには驚いた。結構ええもんやなと見直した。歯ブラシの歌？　歯磨き粉？　なんかそんな歌がかかっとった。それが夜中に終わり、それからおれのビデオをかけた。みな「こんなのが好きなの？」と言いながら寝てしまい、結局おれ１人で観ていた。中島みゆきの『地上の星』が流れて、瀬戸大橋、ＶＨＳ、青函トンネル、トランジスタ、……最後に『ヘッドライト・テールライト』が流れてくる。またこれがピッタリとはまっとるからまいってしまう。ひとりで泣いとった。出てくる人物に感動するのもあるが一番は熱い情熱をもってがんばる連中がうらやましかった。「俺も熱く生きたいな」、そう思っているところにフィジー人のダニエルがやってきた。『プロジェクトＸ』の話のなかで使われていたサントラが彼の大好きな曲だったようで、「これは何だ」と尋ねてきた。日本をここまで成長させてきた連中のドキュメントだと説明すると、おれはそういうのは大好きだと言った。そして彼は自分のビジョンを語りだした。彼は父親からの影響が大きいらしい。今はホテルでコックをしているがそれは資格がほしいからでこの後はこうしてああして……、と最後は自分が金持ちになる夢を熱っぽく語るのだった。金持ちが偉いというのは彼が育ってきた環境のなかで純粋に思ったことだ。まだ21歳やったがとてもそんな風には見えんかった。そんなダニエルの抱負を耳にすると、日本人が子供に見られるのもわかる気がした。

27日。今日は『ロード・オブ・ザ・リング』という全てニュージーランドで撮影されたという映画を観に行った。もちろん理解はできん。でも内容はわかりやすい。映画にのめり込んでいよいよこれからという時に突然エンディングが流れ出した。「へ？　なんじゃ」と思わず声が出てしまった。館内の何人かが「Ｗｈａｔ？」と騒いでいる。なんちゅう中途半端な映画なんじゃ、これからええとこやのに……。その後で知ったがこれは全体が3つのストーリーにわかれていて全て終わるのは2年後とか。

さて今日で暇な日も終わりや。することが何もないというのは本当につらいと思った。まだゆうじさんがいたから良かったものの、1人やったら毎日金がなくなっているとこや。今月中には道を決めようと思っていたけどなかなか思うようにはいかないもんだ。明日からは忙しくなりそうや。

28日。学校とキッチンハンドが同時にスタートした。学校はなかなかおもしろく勉強する気になったが、キッチンハンドのほうは嫌になった。仕事自体がおれに合わない感じだ。今まで鉄を触っていたのが今度は皿を洗っている。しかし同じことを2度も言われたくないのでメモをとって気を張って働いていた。でも料理は趣味程度がいいなと思った。

29日。おれは日本人がいると絶対に英語は使わない。この店はほとんど日本人なので別に英語でしゃべる必要はない。誰でもできる仕事だ。フラットでもみな日本人なので生活には問題ないけどいつまでたっても英語は上達しない。先のこと、つまり永住権まで取得することを考えると英語は必ず必要になる。今が選択のしどころかもしれない。

30日。クイーンズタウンはいい所だけど、生活するには不便かもしれない。フラットは週100ドル以下ではろくなのがないし、一戸建てにいたっては200～300ドルはする。それが同じ金額でクライストチャーチだとすごくいい家に住める。生活のしやすさからいえばチャーチのほうがいいかもしれないと思った。

31日。永住権を取得するためには基本的に大学を卒業していなければ無理だ。そして全てはポイントで決まり、年によって違うが今は24ポイント以上で永住権を申請できる。おれの場合まず年齢は最高ポイントの10ポイント、就労年数5年で2ポイント、計12ポイント。全く話にならん。専門分野でポイントも変わってくるが話を聞くと調理師免許などを持っていたら比較的簡単らしい。それを取るには1年ぐらいかかる。仮にフルタイムで働く雇用保証をしてもらっても5ポイント。ワークビザで2年働くと2ポイント増える。ここでがんばってワークビザをもらい2年間働いて永住権が取れなかったら2年という時間を無駄にする。残された道は自分のやってきた仕事関係だ。特別枠でIT関連に属する仕事をしていた者はいろんな条件があるが大学を卒業していなくても申請できる。ただ自分がしてきた仕事はITとはちょっと違う。後々まで考えるととりあえずなんでもいいからワークビザをとってその間に考えるという方法より、永住権までを考えて可能性は少ないがやってきた仕事関係で働くのが最善で最短のような気がした。そうなるとやはり大きい都市じゃないと工業関係の仕事はない。特にここは観光地やから場違いや。生活を考えても物価が安いとこがええし、わずか2週間、土日を除いたら10日間で英語は上達せんのもわかっとる。それでおれは学校が終わり次第チャーチに行くことに決めた。そのことをオーナーに告げると、「おれもそのほうがええと思うわ」と言ってくれた。これはうれしかった。そしてキッチンハンドの仕事は学校が終わるまで行くことにした。

2月1日。フラットのオーナーのみかさんにここを出て行くことを通告した。

2日。今日は偶然りえさんと会った。おかげでチャーチのことをいろいろ教えてもらい、あらためて住みやすそうだと思った。フラットに住んでいた日本人はみな出て行って代わりにナオさん、マサコさん夫婦が入ってきていた。マサコさんはおれと同じ学校に通っていてナオさんはツアーガイドをしている。永住権を取りたいが大学を出ていないのがナオさんの問題らしい。

3日。クイーンズタウンは小さな町やけどリゾート地としては最高やと思う。でもたった1週間やけどここに住んで働いてみて、いろんな人の話を聞くとやっぱりここで生活するのは今のおれには難しい。あくまで1人の収入で生活していくと考えた場合の話やけども、生活するという目でみるとやっぱり安い所のほうがええ。ユウキには悪いけど。

4日。今日はゆうじさんと山の上までゴンドラを使わずに歩いて登っていった。途中道に迷ってさんざんやった。その後ルージュという乗り物だかアクティビティだか意味はわからないがそれを楽しんだ。

5日。今日の学校は2人だけだったのでよく頭に入った感じだった。雨ばっかり降ってほんまに嫌やった。カッパもないし、傘もないし……。翌日はイーストウィンドのセンターで15歳の頃からチャーチに住んでいる23歳ののり子さんにいろいろ教えてもらう。とてもためになった。

7日。ゆうじさんとコーヒーを飲む。明日で学校は終了だ。

8日。フラットのオーナーのみかさんに子供が病気になった時のことなどを聞いてみた。ここは観光地で人はいつも多いが大きな病院はなく診療所のようなところが1つありもう少し大きな病院は隣町のフランクトンにある。でも大きな怪我だとやはり大変らしい。出産も簡単に終わるならここですむが、帝王切開となるとヘリに乗って大きな町まで運ぶことになる。車だと6時間もかかるのでそのへんは怖い、と言っていた。明日でキッチンハンドも終わりやし、また新しい1歩が始まりそう。

9日。今日でキッチンハンドの仕事が終わった。2週間だけやったけど玉ねぎのむき方やごはんのときかたや食器洗いのコツなど覚えたこともたくさんあった。ここのスタッフもみんな温かい人たちやった。特にオーナーのヒロさんの話は忘れられない。おれがこの国での生活について尋ねた時やった。ヒロさんは、「そんなに海外で生活するのがええかなあ。おれは日本の田舎で生活するほうがよっぽどええと思うけどなあ。まあおれは30代の時に何にもせんかったからな。未だにそれを後悔しとる。30歳から40歳までのこの10年はほんまに大事やで。無駄にしたらあかん。おれは工業関係の大学を卒業して1年間こっちに遊びに来た。その時にバブルがはじけて帰っても職がなかったから別にええかと思いこっちで働きだした。そんでこの年まで行動を起こさんかったから帰りたくても帰れんようになってもた。40を超えて一から日本でやるのは大変なのはおれでもわかる。もし日本に帰れるんやったら今すぐにでもおれは帰る。よしくんの子供が1歳と3歳やったら、よっぽど奥さんがんばらなあかんで。おれも小さい子供がおるけど嫁さん苦労しとる、日本語に。わからんかもしれんけど日本語っていうのはほんまにすごいで。英語が難しいっていうても25文字しかない。日本語は50文字、それにカタカナ、漢字とある。おれらは当たり前のように使っているけどすごいことなんや。子供はなんぼ親が日本人でも学校におる時間のほうが長いし簡単な言葉が英語やから家でも日本語をしゃべらへん。かわいそうやで、日本人であって日本人じゃなくなるんやから。だから海外に来て日本語学校に通わしている親もいっぱいおる。奥さんがよっぽどがんばらんとあかんで」

そういって最後にワインをくれた。この話で一番関心を持ったのは日本語の力だ。海外で子供を育てるメリットの中には英語をしゃべれるというのもたしかにあった。でも子供には日本語は絶対にしゃべってほしい。ヒロさんが言うようにまだ1歳と3歳やったら英語が母国語になるやろう。親といっしょにおったら日本語もしゃべれると思っていたけど甘かったんやろかと考えさせられた。

夜に店のすぐ横の湖で花火があがった。間近でみると迫力がある。明日は日曜日でバスは月曜にならないと走らないが時間を無駄にしたくないのでヒッチハイクを試みることにする。うまくいけばバス代も浮くし。

10日。朝7時30分頃にクイーンズタウンの町はずれからヒッチハイクをする。前の日にフラットのナオさんからこつを聞いていた。ナオさんは英語力がおれと同じぐらいの時にオーストラリアに行ってカメラ関係の仕事がしたくて30軒以上店を回って、その時の教訓から語学を勉強したらしい。今は普通に会話している。そのナオさんのアドバイスは、「相手の目を見て満面の笑みを浮かべながら親指を立てる」やった。さっそく挑戦してみた。これもやってみて初めてわかったことやけど、おれに手を上げたり首を振ったりする人間は許せるが全く無視する人間や軽蔑するような目で見る人間もいる。自分を振り返ってみると同じようなことを日本でしていた。自分がやってみて初めて相手の気持ちがわかった。そこで待つこと1時間、おれを乗せてくれたのはバースという人やった。その人の持っているフラットにヨシという人物が住んでいてどうやら日本人が好きらしかった。彼は隣町のフランクトンまで行くというのでそこまで積んで行ってもらう。

そこからはかなり走らないと次の町はない。日曜日ということもあって車も少ない。30分ほど経った時におれの姿を確認したのかわからないが遠くでスピードを落とした車が見えた。「チャンス！」そう思っておれは車に向かって親指を立て、にっこりと歯を見せて満面の笑みを浮かべた。ところがその車はなんとパトカーやった。おれは覆面パトカーをヒッチハイクしようとしたわけや。しかし警官は見て見ぬふりしておれの前でUターンして帰って行った。ちょうど街はずれまで来たので帰って行ったようだ。一瞬ヒヤッとしたがラッキーや。その10分後ボロボロの車が止まってくれた。なんと彼の行先は同じクライストチャーチやった。とてもついていると思った。しかしそれからが大変やった。普通ヒッチハイカーを乗せる人は自分の話し相手になってもらいたいという気持ちもあると思う。やけどおれはぜんぜん相手ができん。というのも何を言うとんかぜんぜんわからんし、学校の先生のようにゆっくり、はっきり言わない。しかも2度3度同じことを聞き返したら、「もうええ」というような態度をとられる。いくら英語をしゃべれる人間でも6時間はちときついやろう。おれの場合会話にもならんから少なくとも4時間は無言状態があったと思う。ジェームスは日本人が初めてらしい。イギリスからこっちに来ていて職業は獣医さん。くたびれたよれよれの服で裸足で車なんかは走ればええという感じだ。彼はニュージーの女性が嫌らしい。なんでも自分の格好を見ただけで変な目で見るのが多いからだそうだ。途中有名な湖でトイレ休憩をしてクライストチャーチに近い町でメシを食べる。と言ってもサンドイッチやけども……。なんでこっちのパンやケーキやお菓子はうまそうに見えるのに食べたらいつも後悔するんやろ。日本のほうが遥かにうまい。それかこっちの舌が日本舌のせいか。

ここでジェームスに、「ワインは好きか?」と尋ねたら、「ああ、好きだ」というので、「昨日私は仕事が終わった。これはオーナーが私にプレゼントしてくれた。でも私はアルコールがダメだ。今日は私はラッキーな日だ。君にこれをプレゼントする。君もこれでラッキーな日になった」と言ってボトルを渡すと、もちろん単語をテキトーに並べとるだけやから文章にはなってないけど彼はとても喜んでいた。そこから彼とおれは急に親しくなって前よりいっぱい話しかけてきた。こっちは相変わらず意味はわからんが相槌は打った。

途中でジェームスは、「ちょっと友人の所へ寄っていく。金を返さないといけないんだ」と言ってある家に立ち寄った。ロッククライミングの仲間らしい。その友人はおれにも家に寄っていきなさいと声をかけてくれ、2人で家の中に入っていった。靴のままなのでとても楽だが家の中は汚い。彼が、「お茶でも飲みなさい。何にする?」と聞いたら、ジェームスは、「水」と言った。そしておれの方を向いて、「君も水でいいかい?」と尋ねたので、おれは、「はい」と答えた。ジェームスの友人は蛇口から水を出してコップに入れておれにくれたが、おれは、こっちではお茶の中には水も含まれるんかと思って笑いそうになった。簡単すぎる。その後2人は銃の弾を出してきて、あれは威力がどうの飛距離がどうのと熱心に話している。雰囲気は怖くないので猟の話でもしているのだろう。そしてクライストチャーチまでやって来ると、ジェームスは親切に町の中心部まで送ってくれた。そして最後に「Ｇｏｏｄ ｌｕｃｋ．ワインありがとう」と言って帰っていった。おれは今度からは日本でヒッチハイクをしている外人を見たら、乗せてあげるかそれが無理でも何か反応はしてやろうと考えた。この日はバックパッカーに泊まった。

11日。早速フラットを探しに行く。電話で通じない会話をして何とか住所を聞いて見に行った所は中国人がオーナーのきれいな家だった。場所もとてもいい所にある。でも21日からしか入れないらしい。すぐにでも入りたいので少し考えようとその場の返事は断った。でも帰り道やっぱりそこにしようと思い電話でそこに住むと言った。そして明日手付金2週間分を払いに行くことになった。

翌日運気が向いてきた時は一気に行こうと思い、朝からイエローページで職を探す。精密部門というところにワイヤーカットスペシャリストとでかでかと書いてあった。その他にも南島最大の都市だけあっていくつか仕事口が載っていた。もっとも最大といっても人口は50万人ぐらいで姫路とたいしてかわらん。まあとにかくまずはそのワイヤーカットという加工をしている会社を訪ねようと地図を買いバスに乗った。しかしこの町のバスは多いし運行ダイヤもよくわからん。途中までは地図で追いかけられたけどしまいにどこ走っとんかぜんぜんわからんようになってもた。

「ええい、とにかく降りてみたれ」

そう思って降りた場所は目的地から遥かに遠い場所や。次のバスはいつ来るやもわからん。とにかく歩いて行くことにする。途中水分補給しながら地図を片手に周りは緑地帯しかない道を5

キロほど歩いた。そこはもう町外れで、もしこの辺で仕事をするとなると車が絶対に必要になる。そこから番地を見ながら1キロほど歩いたが見つからない。それらしき建物もない。「うそやろ」と思い、その辺の民家で聞いてみようと思い訪ねた家が偶然イエローページに出ていた場所やった。

先方は怪しげな人間がやって来たと最初は思っていたようだったが、こっちも歩きながらすでに言うべき文章をちゃんと考えとるっちゅうねん。家には奥さんと赤ちゃん、そして旦那さんがいて旦那さんにイエローページのコピーを見せて、「この住所はここですか?」と聞いたら、「ああ、そうだ」と言った。(普通の民家にしか見えへんけどまあええか)

そこでかねての計画通り、おれは彼に、「ああ〜〜。ここまでほんまに遠かった。実は私は仕事を探しています。言葉でしゃべるよりとにかくこれをまず見てください」と言って履歴書を渡し、その後に自分で文章を書いた紙を見せた。前はここで終わったけど今回は笑顔でグー作戦や。

「But one big problem. I can't speak English.

So first I don't need money. Just help. OK!」

自分の中では、「しかーし1つでかい問題がある。私は英語をあまりしゃべることが出来ない。だから最初はお金はいらない。ただ手伝うだけでいいさ!」と最後は親指を立ててにっこり笑ってこう言っていた。イエィ! ちゅう感じかな。彼はてんで理解していないようだった。そしてこう言った。

「見ての通り私は1人でやっている。普段は農場やガーデニングをしている。そして暇を見つけてワイヤーカットの仕事をしている。趣味でやっているようなものだから雇うということまでは考えていない。悪いがそういうことなんだ」

親身になって話してくれたのでぜんぜん不快ではなかった。そしてせっかくここまで来たんやからと思い、「工場を見せてもらってもいいですか」と尋ねたら快く引き受けてくれおれを案内してくれた。案内されたのは工場とは名ばかり。家のすぐそばにある小さな小屋で中に入るとワイヤーカットの機械が1台だけ置いてあったので、「なるほどな」と彼の言わんとすることがよくわかった。驚いたことに、その機械は大きさは違うが会社で使っていたのとまったく同じタイプの機械やった。

「おお！　同じ機械や。これを使うとったんや。ようわかるで」と言いながら画面を見たがさっぱりわからん。全部英語や。当たり前や。ボタンも英語に変わっとったら普段日本で当たり前に押していたボタンもどれかわからんようになる。それから彼はそばに置いてあるパソコンを指さしながら何かしゃべっている。それを見たおれは、「そうそうCAD／CAMでプログラム作って入れるんやろ。どこのメーカー？　ううん、知らんなあ～」と正確には理解出来んけど適当に解釈して相槌を打っとった。それがまた通じるからおもろい。おれの言わんとすることがわかるんやろな、多分。

その後彼は、「私の母親が日本に関係する仕事をしているから聞いてあげるよ」と言って電話をしてくれたが、あいにく留守だった。おれの連絡先を教えてくれと言われたがまだ住むところもはっきりとは決まっていないので、「ありがとう。もう充分です」と丁寧に断った。やはりまず住むところをはっきりさせないといけないと思い、その帰りに昨日の中国人のフラットに行った。家の近所で電話をかけて、「前金を払いに来ました」と言うと、なんかごちゃごちゃ言っている。聞き取れたのは「ごめんなさい」と言う言葉だけやった。もう一度ゆっくり話してくれと頼んだら、「あなたより先に前金を払った中国人がいたのでその人が住むことになったの。ごめんなさい」というような内容やった。なんやと！　昨日おれが住むって言うたのに。しかも金も払いに行くって言うたのに！　しかしここは外国。ここではどうこう言うても金を一番に払った人間が優先されるんかもしれん。しかも相手は中国人。しゃあないか。ついでに1カ月後に帰る飛行機の予約をしに航空会社へ行ったら、コリアンエア・クライストチャーチ店はなくなっとるし……。まあいい方向に考えよう。はあ〜、ふりだしやで。

13日。イエローページのコピーを持って次にチェックした会社に行ってみた。午前中はどこか出かけているようで午後にもう一度訪ねてみた。日本でいう機械加工屋さんだ。事務所に入るとまた誰もいない。すぐ隣の工場に1人だけおっさんがいた。こっちを向いて、「なんだ」というような変な目でおれを見ている。

「私は仕事を探しているんですけども……」とそこまで切り出しところ、「あっちへ行け」と手で払われ、向こうを向いてお客としゃべりだした。履歴書を見るわけでもなく話を聞くわけでもない。ここは昨日行った家の旦那が、「ここが君の職種に合うんじゃないか」と教えてくれたところだ。やけどこの扱いには頭にきた。

でも帰りながら冷静に考えてみると、あれで普通なんかもしれん。例えば日本で田舎の鉄鋼所に突然外人が働かせてくれとやって来たら誰でも最初は身構えてしまう。そう思うとだんだん気が重くなる。と同時に、働かせてくれと前の会社にやって来たあの中国人や密入国で命がけで日本に来る連中はすごい。今まで馬鹿にしていた自分が恥ずかしくなる。

「ええい！　次の会社じゃ」と頭を切り替えて、別の精密部門の会社をもう1件あたってみた。地図を見てバスに乗ってたどり着いたところは工場らしきものがないとこやった。食べ物屋と薬屋、そして鉄格子で囲まれた小さな小屋があった。薬屋に入ってこの住所を教えてくださいというと隣だという。店が変わったのかと思いながら隣に入った。ガンショップやった。同じ精密でもちょっと意味が違う。中から1人カーネルサンダースのようなじいさんが出てきて、「やあ」と挨拶してきた。もう一度住所を尋ねたがここに間違いない。ええい、違うってわかっとるけどなんでもええわいと思い、「じつは仕事を探しているんですが……。多分職種は違うけど……」と履歴書と紙を見せた。彼は、「見ての通り私はここで1人で仕事をしている。銃を作っているんではない。ちょっとした修理をしているだけだ。だから機械もこんなのしか置いていない。私は別にここを大きくするつもりはないんだ」と笑いながらも親身に答えてくれた。やはり妻や子供を残して1人で外国に来ているのを知っているからか、彼はイエローページを示して、「ここに行ってみなさい。ここはもっとでかい会社でおそらく君の職種に合うはずだ。それと普通は最初に電話をするが、君の場合、今日のように直接訪ねていく方がいい」と教えてくれた。電話では無理だ、じかに会話する方がいい、とわかったのだろう。やっぱりおれの場合は直接行って働かせてくれというのがいいようだ。というかそれしかできん。最後に彼は、「また、機会があったらここにきてくれ」と言って名刺をくれた。おれが銃を買う機会というのはどんな時やろ……。でもこんなに親身になって協力してくれたのはうれしかった。しかし行くところすべてどこも1人でやっていて大きくする気がないような工場が多い。八方ふさがり？

14日。朝、次のフラットを見に行く。募集の張り紙を見てすぐに行った。日本人の大学生2人のフラットやったけどとてもきれいで安くて気に入った。その場で決めてすぐにお金を払うと言ったがおれより先に電話をかけてきた韓国人がいたらしい。フラットに住むダイさんは、「電話は誰でもできるけど、見に来るのは都合のいい時と悪い時があるからね。私は基本的に電話をしてきた順番で決めたいんです。ですから最初にかけてきた韓国人の返事を待ってからにしてください」と言う。おれもこの意見には賛成やったけど、前のフラットでは先に金を払った人間が入れた。やはり国が違えば考え方も違うようだ。幸い夜8時頃に電話がかかってきてそこに住めることに決まった。来週の土曜日からや。それまではこのバックパッカーに泊まるしかない。いろんな国の人がおるけど、みんな旅行や滞在が目的や。今日は大阪屋という日本食のメシ屋でオーナーと少し話をした。永住権への道は遠いようだ。まあ落ち込んでもしゃあない。明日もがんばってやってみるか。

15日。今日は4つ工場を回った。全て断られたけど1つだけ親切にしてくれた会社があった。朝一番に訪ねた会社ではオーナーに、「大学は出ているか?」と聞かれた。なんで大学かようわからんけど出ていないといけないようなことを言われ、隣のでかい工場を指さして、「あそこに行ってみな」と言われた。その工場に入ると受付に女の人がいたので、「私は日本のエンジニアです。実は……」といつものように切り出して履歴書を見せた。ちなみにおれは必ず最初は、「私は日本のエンジニアです」から話をしている。まず何者かわかってもらわんとあかんやろ。そしたら受付の人は偉いさんにそれを持って行った。しばらくしたら、「中に入って」と部屋へ案内された。おれは、「おっ、ええ感じや」と思っていたが、先方はなんかわけのわからんことを言っている。「今当社は休業中なんだが、あんたは大学は出ているかね? パスポートは?」とたたみかけるのでパスポートを見せたら、「これでは働くことができない」と宣告されて面接は終わった……。なにがなんやらさっぱりわからん。なんの会社かもようわからん。でも休業中やったら仕方ないし、なんでこのビザがあかんのや? まあええわ。

そして次に訪ねたのが、CANTECエンジニアリングというとこやった。その近辺は町工場が並んでいる感じやけど、何か寂しい雰囲気。ここも結構歩いた。外から見ると100坪ほどの工場で入り口には汎用の旋盤が置いてある。おっさんがそこで仕事をしている。日本やとこういう職場は堅物な人が多いけどここもいっしょかな、と思いながら事務所をノックして中に入った。

机の上には感じの良さそうな人が作業服で座っていた。

「こんにちは」と笑顔で挨拶すると、「やあ、こんにちは」と笑顔で返してきた。そして例によって、「私は日本のエンジニアです。実は仕事を探しているんですが。最初はお金はいりません。手伝いだけでもさせてください……」と切り出し、履歴書と自分の状況を書いた紙を見せると、彼は私に「大学は?」と聞いてきた。なんでいつもその質問なのかわからなかったが、どうやら大学からしか求人がとれないようだ。この会社は今回2人新しい人を入れたらしい。もっともこれはあくまで彼が言っていることをおれなりに解釈した話やけど。でも彼はとても好意的で、おれに名刺をくれ、「ここはとても大きな会社だ。私たちはここの会社の仕事をしている。そしてこの会社はちょうど今従業員を募集をしているからこの住所を訪ねてみなさい。もしだめだったらもう一度戻ってきなさい。別の会社を紹介してあげるよ」と住所を書いた紙を渡された。気持ちはうれしかったけど何度も世話になるのも嫌だった。紹介された会社に行く前にどうしても工場見学がしたかったので、「工場を見せてもらってもいいですか」と聞くと快くOKしてくれた。

名刺にはSmithと書いてあったが、彼は機械を指差しながら、「これで船のスクリューを削っているんだ。こっちは樹脂加工、そして……」と次々に説明してくれる。会話は理解できん。でも製品から機械の性能は想像できる。その中で目にとまったのが自動で品物をナイロン袋に入れてパックする機械や。言葉では説明しにくいが、「へぇ~」と思わず感心してしまった。それは彼が設計し電気配線もしたらしい。つまり1人でこれを造ったということだ。ここにも物作りが好きな人間がいた。そういう気持ちは世界共通かな。

次に彼は隣の工場に行き、「これもおれが造ったんだ」とちょっと自慢げに見せてくれた。それはピザの箱折り機だった。「ここからこう来て、ここでこうなってそしてこれが曲がって……」と詳しく説明してくれる。そこでまたおれが目を大きく開いて、「おお～、おお～、なるほど」と日本語やけど大いに感心している表情を見せとるからスミス氏の話が止まらん。ほとんど言葉は理解できてないけど、例えば彼がリベットという専門用語を使いながらある動作をした瞬間におれは、「ああ、リベットやろ、わかるで。でもこれ抜けんようになったらどないするん」といかにもあなたが言っていることは全部わかっているよというような返事を返していた。格別新しい機械などはなかったけどこういう違った国で同じような職種の人を見たら興味が湧くということは、やっぱりおれは物作りのような仕事が好きなんかな、と思ってしまった。スミス氏に紹介してもらった会社に行ったが、残念ながら相手にされんかった。この日の晩はクライストチャーチにあるＪＴＣのスタッフやメンバーたちといっしょに食事をした。初めて参加したけどお互いにおおいに打ち解けてよかった。

16日。朝コーンフレークを買いに行く。まずかった。しかしこのペースで金を使うとほんまにもたへん。どっかで諦めるか、何か手を打たんと2カ月半で旅が終了してまう。この土日はどこも行かずに考えよう。

17日。今日は何もせんかった。でもクイーンズタウンよりは時間が短く思えた。昨日、同じ歳で永住権を目指している人にいろいろ話を聞かせてもらった。もし今までしていた職業をＩＴ関連と認めてもらえれば、永住権取得の確率はかなり上がる。認めてもらえなければ可能性はほとんどない。たとえこれがＯＫでもＩＬＥＳという英語のテストを受けて一定以上の点数を取らないといけない。そしてＩＴ関連で申請するとそれに関わる仕事をしないといけない。どちらにしても英語の勉強がかなり必要や。来週はどんな週になるやろか。何かうまいもんが食いたいなあ。

18日。今日やっとコリアンエアに電話がつながった。そしたら25日に電話してくれと言われた。どうやら帰る予定日の前後は空席がないらしい。コンサルタント会社に永住権についてメールを打った。翌日、日本人が経営するコンサルタント会社2つから返事がきた。1つは難しい。もう1つは内容次第やけどちょっとわからないと言うことやった。がっかり。あとは英文で感触を打診した会社やけど……。

翌日、最後の1社から履歴書をメールしてくれといってきた。まだ望みはある。昨日から図書館通いをしとるけど、こんなに勉強しとるおれは自分ながら初めてや。バックパッカー生活はもうええで。布団が柔らかすぎて腰が砕けそうや。2週間が限界や。肩もこるし、親知らずは痛なるし、体重は5キロほど減っとるし……。あと2日何とかがんばろう。

22日。横浜でスナックを経営している人にビールをおごってもらった。毎日図書館に通って5時間ほど勉強して帰ってきて洗濯してハリーポッターの本を読んで……。「毎日20個ずつわからない単語を書いて、読んでわかったら消してを繰り返すうちに今のようになった」とクイーンズタウンのナオさんがおれに教えてくれたので、「これや！」と思い、10日から毎日20個ずつ書き出して覚えている。が、1ページで70個以上わからん単語がある。ほとんど話が前に進まん。

23日。今日新しいフラットに移動した。おれと交代で出て行くゆういちさんにいろんな話を聞く。晩飯やタクシーや買い物など全ておごってくれた。本当に助かった。

24日。フラットのタクさんとダイさんの話を聞く。2人ともいい人である。住み心地もとてもいい。でも金が少ないのが心配や。やっと落ち着ける所に移った。でも明日はコリアンエアに電話せなあかんし、問題はまだまだある。2人とも英語ができるのでわからないことを教えてもらう。長い間住んでいるだけあって、やっぱり考え方もワーホリ人間とは違っていた。おれにとってはありがたいことや。

25日。友人の結婚式まで1カ月を切っている。その2週間後にもう1つある。どちらもおれの結婚式に出てくれた人物だ。両方ともスピーチを頼まれている。うれしいことだ。彼らの式にだけは出るつもりで3カ月のチケットを買ったが、帰りの予約がいっぱいで取れない。ワールドカップにはまだ早すぎる。コリアンエアは来週の水曜日ぐらいにもう一度電話をくれという。

振り返ると、この頃の心境は複雑やった。ここクライストチャーチは南島最大の街やけど、どうも工業関係がいまいちパッとせん。永住目的でとりあえず何か仕事をするというのなら観光客相手の仕事はあるけどそれならここに来る必要もなかった。先のことを考えても力のある企業に入るのが一番の方法や。日本でも名の知れない個人会社からの申請と大手の企業からの申請では同じ推薦状を書いてもらっても影響力が違う。それにもし仕事が明日見つかっても数週間で「1カ月ほど日本に帰ります」と頼まなければならない。そんなことが許されるはずがない。また、人口のもっとも多い北島のオークランドで仕事を探してみようかという気もある。とにかく万事が中途半端なので残り3週間ほどは職探しは止めようと思い日本のユウキに電話した。が彼女はあーだこーだ言うし、親知らずがまた痛みだした。

フラットの2人は英語をわかりやすく教えてくれるのでとてもうれしい。翌日、タクさんに、「ゆとりのある時間をもっと楽しんだら」と言われた。その時おれはゲームをしとったけど、こんなのは目指す本来の生活とは180度違う生活やから、「こんなことしとってええんやろか」と思ってしまう。夜はダイさんに英語についての考え方や覚え方を教えてもらった。厳しいけどその通りやと思わされた。

翌日はダイさんに連れられて現地の小学生が使っている子供用の英英辞典を買いに行った。子供用だけどすごく役に立つらしい。おれがハリーポッターの本の話をしたら、「これはヨシ君のレベルでは難しすぎる。最初はもっと簡単な方がいい」とタクさんが本を貸してくれた。ここまで覚えた単語は355個、進んだページは5ページ。確かに本を読んでいれば単語の意味がわかるけど紙にそれだけ書かれるとてんでわからないのがたくさんあった。2人とも3年近く住んでいてこっちの大学を卒業しようとがんばっている。

ここニュージーランドのすばらしさの1つに学校のシステムがある。高校を卒業して一度働いて、自分の進む道が決まった人などはみなその専門分野の勉強を大学でしている。働きながら大学に通うことができる。だから30歳やそれ以上の人もたくさんいてそれは別に恥ずかしくないことらしい。学費も年間で数十万円、永住権をもっていればさらに安い。ただし入るのは簡単だけど卒業は難しい。でもおれはここに住んだら大学に通いたいと思った。

3月1日。タクさんもダイさんも自分たちで料理をして食べている。料理のできないおれからしたら目玉焼きでも料理の部類に入る。いつまでも水やコーンフレークやインスタントラーメンではいけないと思い自炊しようと思った。いつも30円ほどのラーメンを食べているけど、ここの調味料はまずい。日本のインスタントは高いけど調味料はうまい。なんぼ料理ができひんいうても、あのまずいラーメンよりはええ味を出せる自信があるで。麺だけ使って調味料は別に作るか、と思って冷蔵庫を開けて何が残っているか見た。

「さて、ベースは何味にするかやけども……、やっぱりとんこつやろ!」とひとり言を言いながら、鍋に水を入れて沸騰したところに、買ってあった大きなウインナーを2本入れた。ブタででとるからきっとええ味がでるで!

何十分も煮こんでいるとアクが出てきた。おっ、ええ感じやないか。ウインナーもぼろぼろしてきた。そろそろええかなと、頭の中ではとんこつ味になっている。「よっしゃ、これに何をいれるかやけど……、やっぱり醤油やな」と呟いて、醤油をそこに入れる。次は……、おっ、バターがあるやんけ、これで完璧や!

おれは勇んでバターを入れた。頭の中ではもうバター醤油風味のとんこつラーメンが出来上がっていた。最後に玉子を落とした。麺はすでに入れていてちょうどいい固さに仕上がっていた。匂いはなんとも言えんような匂いがする。

「いただきまーす」と勢いよく口に突っ込んだら、もうこの世のもんとは思えんような味やった。捨てるのは勿体ないから無理矢理押し込んだけど、よっぽど安い調味料の方がうまい。

その後久し振りにＪＴＣに顔を出した。ラーメンの件を話すと、「とんこつって豚の骨と書くのよ」と言われ初めてそのことに気がついた。しかもおれのウインナーは豚ではないらしい。今までにおれの体重が6キロ減ったのを聞きつけてスタッフ責任者のユカリさんがバナナをくれ、そこにいた人たちが味噌汁やレトルトカレーを恵んでくれました。どーもありがとう。

２日。ダイさんに誘われてテニスサークルに行った。そこにはすでにこちらで生活している日本人の人たちがたくさん参加している。少しでも情報や知りあいができたらプラスになるということだった。テニスは難しい。翌日は2人にドラックレースを見に連れて行ってもらう。初めて見たのでおもしろかった。今週は家に電話したくなかった。帰る飛行機など決まることがはっきりしてから電話せなストレスが溜まるだけや。しかしチャーチはええとこや。少なくとも今住んでいる所はやけども。けど何もせんかったらほんまに時間をもてあましてしまう。ゲームなんか何年ぶりやろ。はまってもた。

２日後に電話をかけたが帰りのチケットが取れない。３日後にもう一度かけてくれと言われる。

3日後コリアンエアに電話をかけた。何回もかけてやっとつながった。いつものように日本語が話せる人に代わってもらう。たどたどしい日本語やけどこっちは必死にしゃべる。

「友人の結婚式があるのでどうしても帰らないといけないんです」と言うと、「お客様、結婚されるんですか？」と聞かれた。

「えっ、いやっ、……はいそうです。結婚できるでしょうか？」

否定するよりこの方がええわと思った。おかげでキャンセル待ちを一番にしてくれた。そして月曜に電話をくれと言われた。帰るのはオークランドからなのでここからオークランド行きのチケットも買わないといけない。もう2週間もない。土産も買わんとあかんし日本から再度戻って来るチケットも予約せなあかんし、ああ頼むから取れてくれ。

月曜日。電話をかけて代わったいつもの女性に、「結婚さしてください！」と言うと、それだけで誰だかわかったようで、「残念ながらまだ取れないんです」と言われた。ほんまにまいった。おそらく明日にはわかると思うと言われたけど、出発が予約している18日の月曜日やったら、前の週の木曜日ぐらいにはオークランドに行かなあかん。

12日。20回ぐらい電話してやっとつながったと思ったら、全然無愛想な返事やし、まだチケットは取れていない。「帰れるんやろか？」と聞くと「難しい」と言い出した。このチケットを取るのにどれだけコーリングカード（テレフォンカード）と時間を使ったことか。旅の始めに出会った青木さんが言っていたように帰りの便は先に決めておくべきやった。それでも腹が立つのは事実や。なんか後回しにされとる気がせんでもない。来る時にもしものために年末調整の10万を持ってきたけど、今がおれにとってはそのもしもの時やった。

ダイさんといっしょにニュージーランド航空にチケットを取りに行った。なんとあっけなく取れた。しかもいつでもいいらしい。ニュージーに行く時は2度とコリアンエアは使わない。こんなことなら少々高くてもエアニュージーにしとけばよかった。片道切符は無駄にしたけど、何より安心を手にいれた。これで間違いなく結婚式には出られる。21日の朝6時の飛行機で出発すれば、その日の夕方5時には日本に着く。1日で着くというのもいいし、乗り換えもオークランドで1回だけや。でも無事ニュージーランドに帰ってこれるかわからんようになってきた。金の計算をすると頭が痛くなる。

14日。久しぶりにビデオを借りてきて3人で観る。今日はトム・ハンクスの『キャストアウェイ』を観た。言葉が理解できんでも観るだけで内容がとてもよくわかるおれにやさしい映画やった。

15日。お土産店を見て廻り、買う場所と品物をだいたい絞った。

16日。ウィルスミスの『バガーランス』というゴルフの映画を観る。よく考えたらビデオや映画はこっちに来てからずいぶんたくさん観た。YHAでもバックパッカーでもスカイムービーやビデオがよく流れていた。そして今日は再び料理に挑戦した。残っている材料はライスと醤油と玉子やった。この3つから出来た今日のメニューは焼きおにぎりや。それに玉子をからませて…

……、結果はばっちりやった。このフラットで初めて見たけどニュージーランドには電子レンジで温めるだけでご飯が炊ける容器がある。日本にもあるかもしれんけどおれは初めて見た。ひとり暮らしにはとても便利や。ダイさんに、「だいたい1対1の割合で、20分温めると結構いいのが出来上がる」と教えてもらい実演してもらっていた。よーし！　おれもやったるで！

まずご飯をレンジにセットして20分。スタート。そしてその間にフライパンに火を点ける。すかさず玉子を落とした。玉子はなかなか出来上がらん。というかまだフライパンが冷たいから熱が伝わってない。まあええわ。あとはこれに出来上がったご飯を入れて混ぜて醤油を垂らしたら完璧や。レンジを見るとまだ5分ほどしか経っていない。そうしている間にフライパンが熱くなってきた。あかん。玉子をほぐさないと……。玉子をほぐしながらレンジを見るがまだ10分以上ある。玉子落とすのが早かった。しゃあないな、先に玉子だけ作っとくか。ほぐした玉子だけを先にとり皿に乗っける。そしてフライパンを温めたままご飯を待った。20分経過した。

「よっしゃ！　はよいためるで」とふたを開けて中を見るとお粥みたいになっている。というよりほとんど出来てない。なんで……？　なんで出来てないんや……。

2階で勉強していたダイさんを呼びに行く。下にきたダイさんにレンジのことを説明した。ダイさんはレンジを見てからおれに向かって冷静に、「ヨシくん。前にも教えたと思うけどｄｅｆｒｏｓｔって知ってる？　これ解凍だよ」

ああ、やってもた。おれは20分もかけて必死に解凍しとった。「それと焼きおにぎりは炒めないよ。それじゃチャーハンになっちゃうよ。どうやって固めるの？　焼きおにぎりはおにぎりに醤油をぬって表面を焼くんだよ」

ああ、そうやったんや……。そない言われたらその通りかもしれん。ぱさぱさな飯をどないして固めるんやろ。ダイさんにもう一度18分ぐらいでやってみるといいかもと言われ、再度レンジで温める。何も知らんというのは怖い。クイーンズタウンでもまかないで最後に出て来た焼肉をヒロさんに、「持って帰って明日の飯にしたらええ」とアルミホイルに包んで渡され、翌日そのままレンジにかけたら火を吹いた。この時初めてアルミはレンジにかけてはダメだと知った。そんなことを思い出しながら18分経過したご飯を見てみると、そこにあるのは水ノリにしか見えんかった。お粥でもまだ味はあるけどこれはひどい。でも捨てるのはもったいないからそれに醤油をかけてだましだまし口に入れていた。なんか涙がでてきそうや。もうちょっとましなのが作れとったら……。しかし腹が減っとったらこんなひどいもんでも食えるもんやな。

17日。とうとうもらったレトルトのカレーを食べた。メチャクチャ辛くて味がわからんかった。それでもかなりの量を食べられた。コーンフレークも日本のやったらそのまま食べられるほどうまかった。帰ったら日本食をたらふく食いたい。やっぱり食の力はかなりでかいと実感した。あと4日で帰国や。スピーチもそうやけど土産も考えんとあかん。それはそうと、はたしてここに戻って来れるだろうか？　ただ印象としてはなんとも言い難い感じやったと思う。自分で何か商売でもしていたらどこでも楽しいかもしれんなあ。でも日本が住みづらいのも事実！

18日。ＪＴＣに行くとしのさんとゆかこさんが大学の生徒に日本語を教えに行って自分たちで昼ご飯にサンドイッチを作ったけど、昼食が出たのであまってしまった、もし要るならどうぞと言ってくれ、ありがたくもらったまではよかった。けどその日の夜は便所に何回行ったやろ……。まあぜいたくは言えん。けどこっちの食いもんは怖い。玉子の賞味期限が1カ月以上ある……。うそやろ。

19日。他の人のフラットをみなで見学。なかなかいい所やった。料理もおいしかったし、やっぱり料理ができる人はポイントが高い。特におれの場合ここに来てユウキのありがたさがよくわかる。帰る前にカジノに行きたいな。

20日。最後までＪＴＣの人たちは僕をかわいがってくれた。みなで夕食を食べて1人カジノに行って30ドルだけ遊んだ。明日の朝は4時30分にダイさんに空港まで送ってもらえるし、ほんとにありがたいです。タクさんに一応戻るつもりなのでと1カ月分のフラット代金を払った。その日は翌日の長いフライトを計算して寝ないことにした。

21日。朝、ダイさんに空港まで送ってもらい、日本に向かう。機内でスチュワーデスの人に、「Would you like some drink?（何か飲み物はいかがですか）」と聞かれた。昨日の夕食の時にユカリさんに、「エアニュージーで帰るなら絶対にワインを飲まなきゃいけないよ」と言われていた。コリアンエアで来た時に機内食でビビンバを食べなかったのを後悔したのを覚えていたので、普段はアルコールなど飲まないがこの時だけは別だと思い、「あ～、ワイン」と答えた。しかし出て来たのは水やった。ショックやった。何が一番ショックか言うたら最初のゥワインとウォーターのウしか合うてないということや。ほとんど通じてない。しかもこんな簡単な言葉が！

直通の飛行機やったら早いし疲れも少ない。気が付けば日本に到着していた。バスに乗って電車に乗って夜の8時頃に地元の駅に着いた。母親と楓華が迎えに来てくれた。2カ月半ほど子供と離れているとお互いに照れくさい。というより、おれにはもう上の子か下の子かわからんかった。とても長い間離れていた気がしたので楓華は頭の中ではかなり大きくなっていた。「そら？」と言うと、「そらは家で待ってる」と答えた。間違えた。久し振りの家に帰ってみると、そらは知らない間に立てるようになっていた。おれを見ても泣きはしないものの怖がっていた。久し振りの日本の飯はうまかった。

その2日後に1つ目の結婚式。とてもよかった。25日の月曜に親父と弟と3人で現場工事に行った。そしてその後何日か手伝いをしていたが、とにかく嫌やった。それは何年も生活してきたからこそわかるなんとも言えん空気やった。建前は普通の会話やけどおれにはみながどう思っているかだいたいのことはわかる。

何日かして前の会社に顔を出しに行った。みな歓迎してくれて、知らない人が2人入っていた。社長とメールのやりとりはしていたので大体の内容は知っていた。

「焼肉にいこう！」と他の会社の人やユウキや子供もいっしょに祥園という行きつけのうまい焼

肉屋に行った。マスターも歓迎してくれ、おれはむこうでの生活を語った。

「もう1回行くんか？　いつ出発や？」と聞かれたので、「まだわからないですが、少なくとも1カ月は日本にいようかと思います」と答えた。この時おれは思った。ニュージーランドは子供や老人にとってはいい所かもしれない。時間もゆとりもある。でも若者はその時間を持て余して麻薬や犯罪に走るケースがとても多い。日本という国に住んでいたら毎日が競争で必死にがんばる。でもニュージーランドでは競争がない。それは良いことかと言われたらなんとも言えない。日本人だから海外に行っても通用する可能性があるが、仮に子供がニュージーランドで育って将来「日本に行きたい」と言い出した時に通用するかと言われたら自信がない。ニュージーランドでは簡単な暗算もできないで働いている人々も見てきた。ただ実際に働いて現地で生活していたわけではないし、見たところもほとんど観光地やからなんとも言えん。では、かといって日本がいいかと言われればそれは嫌だという具合で、おれの心の中はなんとも言えない気持ちになっている。それは何が原因なのかわからない。どうなりたいかというのがさっぱりわからない状況やった。けどもう一度行こうとは思っていた。

社長は、「行くまで何ぼかでも金を貯めたほうがええやろ。いつからでもええからちょっと新しく入った奴を教えてやってくれ」と言ってくれた。休職中にしてもらっているので逆に他でバイトも出来るはずがない。親の手伝いでもなんか気がひける。せっかく声をかけてもらったし自分の責任において機械のことを1カ月で教えたい気持ちもあった。そしてほんまに少しでもお金がほしい事情もあった。

4月3日から仕事を始めた。そして7日に同級生でほった君の従兄弟でもある龍司の結婚式に出席した。これもよかった。仕事は15日間働いて終了した。1日1万円もくれた。最初の予定ではここからもう一度行くつもりだったが、この間にユウキの家の問題も出て来た。彼女の両親は2人で美容室をしていて子供はユウキと姉だけだった。電話をかけてきたのはお姉さんだった。内容は、父も母も、もう60歳前後になっていてこの先どうなるかわからない。お店のこと、秋田や北海道の墓のこと、家のこと等々、万が一の時のことも決めておかないといけないということだった。ユウキのお姉さんは子供が3人いて両親の家の近所に住んでいる。彼女は、「あんたは姫路でやれ海外だニュージーだと好きなことをしているが、こういう山ほどある問題を全て私にまかせっきりで行くつもりか」と怒ってきた。なるほど確かにその通りだ。それにユウキもおれの留守中は自分の住んでいた所のほうが気も遣わなくていいだろう。一度東京に行って話をして、その後成田からニュージーに発つことにした。

東京に行く前に小学校の同級生5人が送別会をしてくれた。まだ上手いことといくかわからんしすぐ帰ってくるかもしれんけど連中はどっちでも構わないらしい。みな餞別をくれた。翌日その中の1人が10月の26日に結婚すると言ってきた。どうしても来て欲しいと言われたので断れない。ちょうどその日はおれの誕生日や。とにかくニュージーから連絡すると言った。どういう形になるか想像できん。

4月20日、東京に行く2日前に母親が扇舞の踊りを舞台でするので、これが最後になるかもしれないので見ていってほしいと言われ朝から見に行った。父親も見に来ている。もうすぐ母親の出番になる。ふと椅子に座っている親父を見ると顔が青ざめていた。50歳を前にして体の調子が崩れてきたらしく、よく胆石で病院に通っていた。息苦しくなって医者にかかることも再三だったので、この時も息苦しくなっているんじゃないかと思い声をかけた。「どないなん。息苦しいん?」と聞くと、親父はうなずく。「どないする。そんな状態やったらお母はんの踊りも見れへんやろ。医者行く?」。

結局そのまま父親を車に乗せてかかりつけの循環器センターに連れて行った。母親には何も言わなかった。診察の結果、狭心症と言われた。しかしすでに楽になっていた親父はどうも納得していない。息苦しくなって駆けつけた病院はここで2つ目になるけども、納得するだけの回答が得られていなかった。というのもいつも病院に着いた頃には症状は治まっているので検査はするものの、決定的なことがわからない。おそらくこうであろうとしか言われなかった。ともかくそのまま何事もなく帰ってきたけども、もしあそこで親父が入院していたら……。そう考えたらなんだかんだ言われたり不満があっても親が健康でいてくれるお蔭でやりたいことができるんだというのがよくわかった。それは親だけじゃなく、子供も妻も妻の両親も、である。おれは海外に行ける環境にあることにまず感謝をしないといけないということに初めて気付いた。

その2日後、泣きながら見送るおばあさんを楓華が励ましている。そんな姿を見ながらおれは自分の家族と東京へ向かった。出発前に母親が、「これはあんたがくれた生活費や。今までの分を抜いたから残りこんだけや」と、行く前に渡した封筒を返してくれた。でも持った瞬間にわかった。厚みが変わってない。見栄を張る余裕もない。おれは母の愛情に心から感謝した。最後に、「ここではあんたが『ええんや』って言うたら私らは何も言わんかったけど、東京に行ったらこんなふうには行かへんからな」と言った。それはどういうことを意味しているのかはよくわかっていた。

その他にも3カ月近く海外に行って初めてわかったこともあった。それはユウキの性格や考え方である。おれ自身の妻に対する気持ちは後になって大きく変わったが、この時もすでに今までの見方と変わっていた。彼女は自分の見える範囲でしか物事を考えることが出来ないというのは前からわかっていたが、ここにきておれ以上に楽天家だというのがわかった。もちろん本人はそんなつもりは全くない。ユウキはおれに渡航費として15万円を渡し、日本での生活は月に2万円ほどの予算でおれの実家で3カ月世話になった。おれの親には毎月3万円を渡していた。しかし帰国してみるともう家族がニュージーランドへ行くための飛行機代はなかった。ユウキはおれがクライストチャーチに住んでいる時に、「お金がもうないよ」と言ってきた。仕方がないので、おれはその時にユウキに今まで貯金してきた通帳を置いてある場所を伝えた。これはいわば自分自身の最後の切り札やった。が、まさかその虎の子をこんなに早く使うことになるとは思ってなかったけども……。

実際に今回は、まず親の家に住めるという点でかなり助かっている。もちろん2人の子供と親1人で全てを含めて月に3万円で生活するのは、はっきり言って難しい。しかしおれが15万の予算で3カ月以内に仕事を見つけてワークビザをもらって住むところを決めて子供たちを呼び寄せるという計画を、ユウキ本人は自分のニュージーランドワーホリ経験から、出来ると思っていた。なのでユウキの話は、もしうまくいったら学校はどうとか自分がお店を開いて輸入雑貨をどうのとかもっぱら移住後の話なのであった。このおれがまずそこにたどり着くにはどうしたらいいか必死に考えているというのに……。まあその楽天的なところがユウキのいいところでもあるんやけども。旦那の親といっしょに暮らすのも大変やと思う。そんな意味でも今回の東京暮らしはいいかもと思った。ユウキはいつも周りから助けられていた。おれもそうや。ただユウキの場合それに気付いてないことが多いように思えた。そしてお金に関しても甘い感覚をもっているように見えた。結婚以来5年近くたってこういうことがあって初めて気が付いたが、本人にはしゃべらなかった。口で言ってもこれはわからないし、反論されても勝てる自信がない。どうにかしてわからせてあげたいと思いながら東京に来た。

初日は疲れていたのですぐに寝たが、2日目からが大変やった。話の矛先はやはりおれのほうに向いた。ユウキが物事を簡単に考えることや、傍で言っても聞かないことや甘い考えでいることなどは家族は全てわかっていた。そりゃ親子で何十年もいっしょに暮らしてきたから当然と言えばそれで終わるけど、良いところも悪いところも知っているので今回の話もユウキの説明では納得がいってない様子だった。そもそもユウキの家族は、彼女がなんで急にニュージーランドに行くなんて突然言い出したのかがわかっていなかった。実際にはおれ1人の決断やった。でもこの時の状態はほんまに不安定やった。結局、ユウキのお姉さんと両親に言われたことは1つだけやった。

「あんたら2人だけでいくのなら誰も文句も言わないし、好きにしたらいい。でも子供のことを一番に考えないといけない」

いろいろ言われたが、要はその1点が一番重要だった。

「住む場所や車などを世話してくれて休職扱いだなんて、そんな良い会社どこにもないよ」

確かにそんな会社はないだろう。そんな良い会社を出てきた理由を言わないといけない。おれの方の両親、特に親父は、社長のことは嫌いではないが仕事上の考えでは意見が合わないのでおれの働いていた会社とは取引はしていなかった。だからその会社を出ること自体は反対ではなかったし、そんな良い会社とも思っていなかった。でも全く関わりのない妻の両親には本当の理由、というよりも彼らを納得させるような理由を言わなくてはならなかった。それは同時に自分の恥をさらすことかもしれないけどもそれは別に構わなかった。

おれはまず自分の知っているかぎりの会社名を紙に書き出して製造業、特に鉄鋼関係の業界とはどういうものかを説明した。1つの品物を造るには大手から下請け、孫請けに仕事がまわり、それぞれが助け合って1つの品物ができる。1つの会社だけではやっていけないし、横のつながりがとても重要である。そして自分の会社を例えに挙げて、この機械の土台はどこそこの会社の製品で加工はここの会社が担当して……、と詳しく説明した。それからこの業界が義理人情の世界であるということも話した。2代目3代目と昔から続いている中小企業が多い。みな職人気質のような連中の集まりだから、会社によっては、「あいつの仕事は何億積まれても絶対にせえへん」というのもあれば、「あいつの言うことやったら無償でやったる」というのもある。例えばおれの働いていた会社でも、社長を快く思っている人もいればそうでない人もいる。そこに至るまでどんなことがあったのかはわからないけども、おれが小さい頃はどちらにもかわいがられていたし好きだった。しかし、おれがこのままこの業界で働いていくと間違いなく親父の会社を継いでいる自分の弟とぶつかると思うし、そういう中で仕事をしていくのも嫌だった。おおざっぱではあるが製造業の世界についておれが熱心に説明すると、ユウキの家族も少しは理解してくれたようであった。

それから、おれは今まではユウキに給料は全て渡して家計のやりくりをさせていたけども細かい分別まですることが出来ないようなので、自分で去年1年間の毎月の収入と支出、その支出の内訳を一覧表にまとめ、そのメモをユウキの両親に見せながらおれたちの家計について説明した。

「人によって生活費は違います。同じ子供を持つ親でも1カ月に20万あっても生活できないという人もいれば10万で出来る人もいるでしょう。ユウキはどうかわかりませんが、彼女なりに精一杯やっていると僕は思っています。今僕は手取りで17万6千円、それプラス加給金です。そこから光熱費、健康保険、ＮＨＫ、県市民税、食費、養育費、車の車検と保険等々を引いて残ったのがこれだけです。そして約10カ月の間で残った金額が31万ほどです。そこからこれまでにかかった医療費とインターネットとガソリン代を引くと、15万残ります。でもこの不景気の中ではボーナスはもらえて当然とは考えてはいけないし、加給金もあてにできないです。会社は精一杯のお金を出してくれています。残りを補うために他で働くことも考えたけれど時間が不規則で夜中までになることもあり、それ以上に本来の仕事に支障をきたしたくない気持ちがありました。今年ぐらいからは子供を保育園に行かせたいけれど、前年の所得から考えると別途で月2万円近くすると思います。里帰りや貯金も必要です。そういったことも海外移住の理由の1つでした」

　これは自分でも矛盾しているとわかっていた。そんな状況なのに海外に行けるのかと思われても不思議ではない。おれの話を一通り聞いてから口を開いたのはお姉さんだった。さらにこと細かく指摘して、ここをこうすればもっと楽になる。自分の家は3人子供がいて食費がどうで役所に行って確定申告をして等々いろいろ言われた。でもほとんど覚えてない。多分おれは少しでも自分を理解してほしかったんやと思う。その時一言だけおれの頭に残ったことがあった。お母さんがつぶやいた言葉だ。

「かわいそうにねえ〜。子供は親を選べないのよねえ〜」

　頭にきたわけじゃなかった。全くその通りだと思った。「まだ若いから行動して頭を打たれないとわからないのね」というような気持ちも含まれていたんだと思う。おれは何も言い返せなかった。ただ会話のなかでそれだけが残っていた。

おれは自分をわかってくれる人に相談がしたかった。唯一それができる相手は義理の兄しかいなかった。わかってくれるかどうかわからないけども一番自分に近い経験をしている人だったので、出発までに話をするつもりだった。

ゴールデンウィークは飛行機代が高いのでそれが終わってから出発するとして、それまで日払いのバイトをすることにした。近くに有名な引越しセンターがあった。登録制とかいう意味がいまいちわからんかったけど、日本で履歴書を書くのは初めてやった。工業高校を卒業してから最初の会社、次はカナダ、そして前の会社と面接の経験はあったが、面接はスーツで行くんやろかと真剣に悩んだ。電話をして面接に行ったけど道に迷って遅れてしもた。あらかじめ電話したので問題はなかったけど正面から元気よく挨拶して入ったのに誰も返事しない。担当の人と一緒に2階に行ってビデオを見せられた。何度も同じことは言われたくないのでメモをとって覚えた。しかし面接というよりも誰でもいいような感じだった。あっさりと説明が終わって登録番号をもらった。「いつからやれますか？」という質問に「今からでもやりますよ」と答えたら、「じゃあ明日からね」と言われ帰った。これが登録制というもんなんか？ 働いてくれる人を募集しとってこっちはそれを見て行ったのに誰でもええって言う感じやな。スーツ着ていかんで正解やな。

翌朝自転車で一番に到着した。社員に挨拶しても、出勤する人に挨拶しても愛想の一つもない。朝のラジオ体操、それから朝礼。なんじゃここは？ CMとはあまりにも違いすぎる！

おれは中学卒業後、飾磨工業高校に入学した。入学するまでわからなかったが、当時その学校は体育で有名だった。体育。そう中学までは体を動かして一番楽しかった科目やった。1年生の時は集団訓練のみが行われた。校庭の端に体育委員が1人いて反対側に自分たちがいる。体育委員が、「○年○組！　2列横隊に集まれ！」と叫ぶと全速力で走っていく。右ならえ、前ならえをして整列するとすかさず、「番号！！」と掛け声がかかる。最前列は横を向く。

「はじめーーー！」

「いち！　にい！　さん！　よん！……」

「4列右向けーみぎ！」

4列になったと思えば体育教官が、「おらー、よんちゃうやろが。し、っていわんかい！」と蹴り飛ばす。汗が目に入ってまぶたをうごかしたら、「おらあーーー！　なにやっとんじゃあ～」とぼこぼこにされる。ほんで最後はその人間のために全員やり直しや補強の腕立て、腹筋をさせられる。

亡くなった堀田も同じ学校やったけど、あいつはアホやった。三十何発どつかれたと数えていたり、制服のポケットに検尿を入れていて「先生持って来たで」と出したらそれはタバコで停学になったり……。とにかく自衛隊みたいな高校やった。どんだけ頭がよくても体育の授業をサボったら進学できない。逆に体育さえ出ていれば後はどんだけ悪い成績でもなんとかなった。

2年生になると集団訓練とラジオ体操や。いまだかつて汗をかくラジオ体操などしたことがない。手はいつもグー。振り上げた両腕の角度は60度などなど体に覚え込まされた。10月の体育祭はメインが入場の時の行進や。何カ月も練習して、当日はパレードみたいな感じや。やけど曲が納得いかん。『踊るぽんぽこりん』が♪ピ〜ヒャラ、ピ〜ヒャラ、パッパパラパ〜……、と楽しそうに流れているが、グラウンドではそれに合わせて真剣な顔でみな行進しとる。3年生になって初めてテニスができた。そしてマラソン。マラソンなんか大嫌いやったけど、ここに来るとそれがとても楽しい体育に変身してしまう。話したらキリがないけど、その時は嫌やったけど今から思えばためになったと思う。

話が大きくはずれたけど、この引っ越し会社では同じ体を動かすことでも内容が全然違っていた。まあどこでもたいして変わらんと思うけども、そういうのを体験してきただけに、おれはラジオ体操でも1人だけ真剣やった。初日はリーダーがいい人で内容を大体つかんだ。2日目は何年もやっているベテランが登場して、おれたちのような人間は使い捨てのように思っているという話をした。3日目は見たところ一番上からも下からも信頼されている人といっしょになる。4日目は年下の人に偉そうに扱われる。5日目は引っ越しという仕事の大変さを知った。

しかしここは、「お前らの代わりはいくらでもいる」というのが態度や言葉遣いにはっきり現れとる。社員にしてもそうや。まあ出入りが多いからいちいち名前なんか覚えとられんのやろうけども。こっちは名前と顔と人間性は全部見とる。自分がされて嫌なこと、年上に対しての言葉遣いや扱い方など何日か働いてよくわかった。残業はやっただけきちんとくれる。時間もはっきりしている。でも好きでもない仕事をするのがこんなにもストレスが溜まるものだとは思わなかった。仕事中の勤務態度はみなすばらしい。お客さんとのやりとりや物を運ぶ時の慎重さなど学んだこともたくさんあった。だがおれには引っ越し屋さんの従業員はできないことはわかった。

このバイトをしたおかげで人生の教訓を2つ知ることができた。その1つは確か6日目だったと思う。その日は3人で引越しセンターのトラックに乗った。着いた現場で作業をするが新参者のおれはいろいろと文句を言われる。そこに人材派遣からきた梅田さんという人がいた。50歳を超えている。作業をすませ荷物を引っ越し先に持っていくのでおれは梅田さんの車に乗った。言葉遣いも丁寧で親近感が湧いた。それでおれは、「自分より年下の者に偉そうに言われて腹が立ちませんか？　確かに仕事であることはわかります。何も知らないから当然ですが、仕事の内容で偉そうに言われるのならともかく、『センスねえなあ、ムカツクんだよ』などと感情的なことを言われても困る。そんな時はないですか？」と尋ねると、梅田さんは、「そんなのにいちいち腹を立てていたらきりがないですよ」と笑って答えた。

おれは梅田さんの人柄が気に入ったので、一度ニュージーランドに行ってきたがうまくいく自信がないこと、現在の環境や子供の将来のことなどプライベートなことを梅田さんに話してみた。そこまで言ったのは梅田さんの方も自分の過去を話してくれたからだ。喫茶店のマスターを何十年もやっていたがバブルとともに潰してしまったこと、株で大損もしたし、ゴミの収集から死体洗いまでいろんなことをしてきたらしい。今は息子が喫茶店をしているそうだ。「バブルのせいだ、不況のせいだと言ってますが、結局は自分が悪いんです。現にそれを乗り越えて生き残っている会社がちゃんとあるでしょう」。

自分の状況を一通り話した後、梅田さんはこう言った。

「私はね、父親っていうのはそんなにすごいもんじゃないと思いますよ。子供のために、子供のことを考えてと言っていますがそれは違うと思いますよ。結局は全て自分のためなんです。ただ父親として決して忘れてならないのは、自分がこの子たちの父親であるということ。それだけを忘れなければいいと思いますよ。そしてね、本当にだめだなと思うのは自分じゃないですよ。あなたの周りにいる人です。友だちが死んだ時、その子を見てどう思いました？　ああこいつは本当にだめだと思いませんでしたか？　ね、本当にだめだと思うのはあなたが死んだ時に周りの人が思うんです。だめだと言っているのは、ただあなた自身がそう思っているだけ。行ってきたらいいじゃないですか、ニュージーランド。やってみたらいいんですよ。きっとうまく行きますよ。それと背伸びはしないほうがいいですよ。背伸びをすると疲れますよ」

たった1日、一度きりの出会いだったけど、この時に言われたことはおれに大きな活力を与えてくれた。

2つ目はその2日後、アルバイトの最終日のことやった。この日は遠くで引っ越し作業があった。4人で2台のトラックに分乗して現地に向かう。おれといっしょになったのは山口さんという人だった。いつも自分の方からしゃべっていたがこの日は山口さんの方から自分のことを語り始めた。彼はまだ21歳だったけど、ある意味で尊敬できる人物だった。彼は16歳の時にホームレスになったらしい。彼には衝動的なところもあったらしく、つらい思いもしたらしいけど幸い親切な建築関係の人のところで少し働いてから家に戻ったらしい。そしてその後知り合いと特に目的もなしに東京に出てきたが金がなくなり今度は「竿竹売り」をした。彼の経歴はおれが覚えとるのを適当につないどるだけやけど、その話で一番衝撃的なのは、彼の親が詐欺にあって多額の借金をして家を手離してしまったことだった。しかも騙した人は彼もよく知っている人らしい。山口さんは今は親がどこにいるかもわからない。自分の帰る家もない。でも再びホームレスにはなりたくないのでバイトをしているそうだ。毎日インターネットカフェで寝泊まりしているらしい。

そんな彼も「竿竹売り」ではかなりの実力を持っていた。営業に興味のあったおれはその内容やノウハウを教えてくれと頼んだ。自分の知らない商売のことを教えてもらいプラスになった。おれがなんで営業に興味があったかというと会社がどんだけ経費や人件費の削減でリストラしたり最新式の機械の導入をしようと一番大事なのは人やと思うからや。たった1人の人間の力がとんでもないものに化ける可能性がある。それが証拠に現在たくさんのどでかい会社がある。これも元をたどれば1人の人間に行き着くはずや。そしてここにいる山口さんも、将来は自分でビジネスをしようと考えて今がんばっている。「希望通りにアメリカまで行けるかどうかわからないけども」と言いつつ、遥か先を目指していた。

おれは、「僕はあなたみたいな情熱をもった連中を束ねられるような人間になりたいです。でも僕は好き嫌いが激しいし、結構固定観念を持っています。でも営業をする以上はどんな性格の人間や気難しい考え方の持ち主に対しても柔軟に物を売ったりする必要があるでしょう。僕はどうしたらそういう人の心を動かすことが出来るのか知りたいんです」と言うと、彼は、「それは僕にもわからないです。人によって秘訣は違うと思うし僕もはっきりとは言えません。でも僕は最後は嫌で辞めたけど、竿竹売りの仕事は人生でとてもためになった。平田さんもそういうのを目指しているなら一度は営業を経験した方がいいですよ。僕にとってはこの経験を通じて営業の知識と心理、そして哲学を学ぶことができました」と答えた。

その3つの内容を聞いて、「なるほどな」と感心しながらおれは今度は自分のことを話した。彼にくらべたらおれなんか甘ちゃんやと思っているけど、おれの話には彼も興味を抱いてくれた。それから、彼はこんな話もした。

「昔よく知っている人から親父に、今から自殺するという電話がありました。多額の借金を抱えていて死ぬしか選択の余地がなかったらしいです。親父はあわてて止めに行きました。でも彼の顔を見た途端に何も言えなくなったそうです。この人にとっては死なせてあげるのが本当に最良の方法かもしれない、そんな顔をしていたらしいです。帰ってきた親父は、『よう止めんかった』と言っていました。普通誰もが、『そんなの止めなきゃいけない！』って言うんでしょうが、そんな状況を見たことがないから言えるんだと思います。僕はこの時に死なせてあげることがいいという場合もあるんだなということを知りました」

おれは自分には見えない世界があることを知り、その世界では自分が正しいという認識が必ずしも通用せんのやなと思った。と同時におれはその自殺という選択は絶対せえへんぞと思っていた。おれになんでそんな身の上話をしたのか山口さんに尋ねたら、彼は、「同じような匂いがしたんで……」とだけ言った。そして最後にこんな話もした。

「僕から言うのは1つだけです。平田さん、やるなら絶対に負けないでください。僕のような状況に陥ってはだめです。僕は今がいままでで一番つらい。毎日この生活から抜け出したいと思っています。これは先輩から言われた言葉なんですが、平田さん、『処置の前の措置』をしてくださいい。車に乗っていて事故に遭ってからその後の処置を考えるのではなくて事故をする前にシートベルトなどの予防措置をしてください。事故が起こった後では手遅れです」

この車の例え話はとてもよくわかった。梅田さんといい山口さんといい彼らの口から出る言葉には重みがあった。みな経験から発せられた言葉やったからや。いろいろとバイトに対して不満もあったけどこの2人に出会えたことを思うとありがとうと言いたくなる。そんな話を他の誰にするわけでもなくたちまちゴールデンウィークは終わり、引っ越し屋のバイトも終わった。おれはストレスと疲れから風邪をひいてまた痔になった。この時の状況は忘れることは決してないやろ。今でも景色やいろんな匂いをかぐたびに突然鮮明に思い出す。

さて、出発日はまだ決めていない。もはや自分のやっていることが正しいのかどうかもわからなくなっていた。ともかく義理の兄にだけはいろいろと相談したかった。というのも、結局これは子供や嫁の問題ではなくて、おれ自身の問題で行動を起こしているようなものだったから、おれが正しいと思っていても、それを周りから客観的に見るとどうなのかを知りたかった。我慢しないといけないのか、全てが甘い考えなのか。心のどこかで、この問題に関しては義理の兄なら理解してくれるのではないかという期待があった。時間を作ってもらい2人で少しだけ話をした。すでに義理の姉から話は聞いているはずだが、ユウキの両親に言った時と同じことを、写真を見せメモを見せてもう一度言った。ただ前回と違うところは、「広いように見えて狭いこの業界では辞めたからといって他に移ることは出来ないし、僕もそのつもりはありませんでした。ただ海外で育ててみたいという理由はその時は一番良い理由でした。たしかにその気持ちはあったけど別にどこでもよかった。とにかくそこを飛び出すのが今となっては一番の目的だったのかもしれません。実際に一度見てきたわけですが、住むならどうしてもニュージーランドで、という気持ちにはまだなっていません。まだ自分の計画に納得がいってないのも事実です……」というコメントだった。

義理の兄は黙って聞いていてうなずきながら一言やさしく言った。

「そうか。要はお前は会社に大義名分を立ててそこから逃げてきたわけだ」

「……そうですね……。そうです、たしかに僕は大義名分を立てて逃げてきました」

「そうだろ……。でもな、そこまでいろいろ考えてやったんならいいんじゃないか。おれにはそんな細かい金の計算は出来ないよ。でもそれをお父さんたちの前で言ったのは失敗だったな、ハハハハ……。ただな、お前たち夫婦だけならおれも何も言わない。でも子供のことは一番に考えないといけない。もし行くなら最低でも10年は帰ってくるな。それぐらいの覚悟はしないといけない。だからよ～く考えろ！　いくら時間がかかってもいい。東京で働くならおれが何とかしてやるから。でもなあ～、若いうちだけだからな、そんなことが出来るのは。うらやましいよ。それとな、社長さんが一番喜ぶのは、お前がどんな仕事をしようが向こうで家族といっしょに生活することだぞ。どうする、ウソついてここで働くか。それとも大義名分を立ててニュージーに行くか？　まあ、もう一度行ってこい、そんでダメでしたって戻って来い。そしたらバ～カって言ってやるよ、ハハハハ……」

おれの気持ちはとても楽になった。やっぱり身内ではわからないことを義理の兄はわかっていた。自分の経験から物事をしゃべっているのがよくわかる。言葉ではなく、なんかこう体温のある会話やった。そして義理の兄は最後に、「おれはな、神とか霊とかっていうのを一切信じねえ！絶対にそんなのいねえと思っている。でもな、ご先祖さまっていうのは……、やっぱりあるんだよな。それはいろいろ体験してきて思うよ。やっぱりなんらかの形で見ているよ。だから大事にしないといけない。でもな、生き仏って言うように本当に大事にしないといけないのは、今生きている人だからな！　それを忘れるなよ」と言った。だいぶ飲んでいたけども、義理の兄と話をしたお蔭でおれの心の曇りが取れて視界がはっきりしてきたようだった。

話は少し戻るけど、今回日本に帰ってきて東京に来る前、以前の会社でバイトをしている時に、社長の兄貴さんが、「キーストンという会社がニュージーランドにもあるらしいぞ」と同社のカタログをくれた。兄貴さんが日本キーストンの仕事をよくしていたので、たまたま話が出てもらってきたらしい。キーストン社は全世界にあるけども最近ＴＹＣＯというグループが買収したと教えてくれた。

楓華、そら、覚えとるか？　お父さんが働き始めて間もない頃、社長にキーストンという名の入った帽子をかぶっているところをポラロイドで撮られたあの会社や。おれはキーストン社のカタログをずっと持ち歩いていたが、義理の兄との話で、もう一度ニュージーランドに行って、今度はこの会社に全てをかけてみようと思った。可能性はないに等しいけど改めて梅田さんの言葉を思い出していた。

もしもダメだったら一度姫路に帰って会社に頭を下げよう。その先は雇ってもらえなくても後悔はしない。ウソをついてまで東京に残りたくはないという気持ちもあった。

翌日、飛行機のチケットを予約した。16日の出発や。今度はエアニュージーで行く。その前に秋田に墓参りに行った。東北弁は難しい。ここも外国や。

ユウキの親には細かな内容は話していないが、ユウキには7月までに職が決まらなければ海外はもう諦めると言った。前にも言ったようにユウキにもらった渡航費は15万や。飛行機代と3カ月分の生活費だがなかなか厳しい金額だ。でも彼女は過去にこの金額でワーホリで1年ほどニュージーランドで過ごして来た。その時の経験から、彼女にはおれならこの金額で勝負ができるという自信があったのだろう。もちろんこれはおれが貯めたお金から出ていた。おそらく資金的にみてもかなり無理のある旅になる。でもこの決断は正しいと思っていた。

第5の冒険の書「ニュージーランド再挑戦編」

5月16日。再びニュージーランドへ出発。今度は旅行保険にも入っていない。おれが死んでも今は1銭も出ない状況だ。機内は快適やった。隣は空席で横になれるほどだった。17日。それでも寝不足でオークランドに到着。「2度目ともなると何でもわかるわい」と思って街に向かうバスに乗ったつもりが国内線の発着場に行くバスやった。再度バスに乗りなおす。今回はリュック1つというわけにはいかない。国際免許もスーツケースも持ってきた。この邪魔になる荷物をオークランドのＪＴＣに持って行く。クライストチャーチで陽子さんと出会えた。『金持ち父さん』の本に出てきたボードゲームの『キャッシュフロー101』も発見した。日本では3万円で、入荷はいつになるかわからないと言われたがここは取り寄せやけど2万6千円ぐらいやった。この日は少しの間だけＪＴＣのスタッフの人の話を聞かせてもらった。

特に小西さんに外で2人でいる時に言われた事が頭に残った。「ここに来るために英語も勉強して最低必要なお金も計算した。紙に書いてみるとよくわかる。やはり行動も大事だけどそれにともなうお金や知識も必要だ。でもおれがここに来れたことで一番感謝するのは嫁さんかな。彼女が協力してくれなかったらここには来れなかった。おれの子供たちは物心ついた頃にこっちに来たので今でも言葉がわからず毎日泣いている。おれは最初からこっちに来るつもりで来たけど、いざ子供2人かかえて生活するとなったら、ほんとに大変だよ。収入から考えても日本にはなかなか帰ることはできないし、贅沢もできないよ。でもそうやって協力してくれる奥さんは大事にしないといけないよ」と言う。何か来た途端に八方ふさがりな気分になってもた。先のこともゆっくり考えよう。

翌日、TYCOキーストンがハミルトンという町にあるので、さっそくそこまでのバスの切符を買いにいく。ユースカードを見せるとバスの切符も安くなる。でもここで初めて「期限が切れている」と言われた。見ると日付が1年前になっていた。発行してもらった時に相手が間違えたのだ。しかしよく今まで無事に旅をしてこれたもんや。みな日付まではチェックしないのだろう。正規の運賃で切符を買いハミルトンには明日出発。今日の夜はユースで何時間もソファーに寝転んで考えていた。こんなにじっくりと1人で考えることは今までやったことがなかった。

ああ～、ほんま八方ふさがりっていう感じやなあ～。子供のことを考えて？　子供のことを一番に考えて？　いったい子供の何を考えるんやろ。教育？　学校？　将来？　……わからへん。おれにはどうしても理解できん。夫婦の仲は悪いけども子供のために別れないでいる、とか、子供のために職を変えたり学校を変えたり……、ほんまにそうなんやろか。おれは違うと思う。やっぱり自分のためや。子供がいじめられているとする。かわいそうにと慰める親もいれば、いい経験だという親もいるだろう。子供はどう思っているかわからん。おれは小さい頃保育園に通った。親がどう思っていたかは知らんけど、おれの記憶には給食を残して怒られたのといじめられていた記憶しかない。ただだをこねる子供にお菓子を上げて喜ぶ顔を見て満足している祖母、しつけだと言って叱る親、いろんなケースを見てきた。転勤の連続で引っ越しをしている子供はかわいそうなんやろか？　移転した先で子供が前より楽しそうにしていたらそうは思わへんやろう。おれだって子供時代を経験してきた。その中で思うのは子供というのはアホやないし、物事をよく知っているということや。仮面夫婦だというのは見抜いているだろう。父親が綺麗事を言っているのもわかるだろう。母親が一生懸命なのも祖父祖母との関係も……。おれは両親を見て育ってきた。仕事では考えは異なるかもしれん。でもそんな父親でも唯一尊敬できることがある。それは母親を大事にしていることや。お父さんとお母さんは仲がいい。これが一番子供のためになるとおれは信じている。

最初は誰でも好きで結婚するわけや。そこからいろんな意見の違いや障害が出てくる。ストレスが溜まりケンカも多くなるだろう。おれは自分がいつも笑顔でいれるようでありたいと思って行動した。仮に子供のためと自分が我慢して日本で働いたとする。間違いなくストレスも増えて夫婦喧嘩もしょっちゅうするだろう。そしてケンカだけで終わる保証もない。そうなるのがわかっていて子供の教育や学校が大切だからと残るつもりはない。自分のためにすることが結果的に子供のためになるのではないやろうか。ただ自分が家族というものに対してどういう考えを持っているかにもよるけども。どういう方向に向かっていけばいいのか分からない。でもやっていることに間違いはない。そう思いながら翌日を迎えた。

19日。ハミルトンのＹＨＡでタカさんとユウイチさんに出会う。そこは20人ほどしか泊まれないようなこぢんまりとした宿舎だった。ここでダニの恐怖を味わった。一晩中寝ることができなかった。でも、さっそくイエローページで会社を探した。すぐに見つかり地図を買いに行く。調べてみるとここからめちゃくちゃ遠い。やっぱり車がないと困る。バスの駅からこのＹＨＡも遠かったけどそんなの話にならんぐらいこっちは遠い。でもいっしょにいたユウイチさんに頼んでみると送ってあげると言ってくれたので本当に助かった。いったんクライストチャーチに帰ろうとしたけどバスがなくて帰れなかった。それがよかったのかもしれん。毎晩夜になったり１人になったりするとほんまに考え込む。八方ふさがりで手探りのような状態にいるんだと思うと気も重くなる。けど自分が動かんことには道も開けそうにない。ユウイチさんは「言葉がしゃべれて世界が広がったら、また考えも変わると思う」と言っていた。たしかに言葉の力は大きいと思う。そう思うと逆に絶対に日本語は捨ててはいけないと思った。

20日。ほんまＴＹＣＯまでは遠かった。送ってもらってよかった。帰りもバスの駅のビジターセンターまで送ってもらいとてもありがたかった。ＴＹＣＯ……。そこは今まで訪問した会社の中でも一番でかいところだった。こんなとこ場違いやぞ！　……でもせっかく送ってもらったし、ここまで来て引き返したら一生後悔するぞと思いは乱れたが、ユウイチさんには「当たって砕けてきます」と言って車を降りた。しかしながらアホなおれ、肝心な時に履歴書を忘れた。持っているのはカタログといつもの紙、そして20歳の時に偶然撮られたキーストンという名の入った帽子をかぶっているポラロイド写真だけやった。歩きながら、今までのパターンはあかん。仕事を探している、ではなくて、ここで働きたいに変えよう、そう思いながら扉を開けた。前に座っていたのは受付の女性やったけど、今までで一番綺麗な人やった。しかも顔色一つ変えず気持ちいい笑顔で迎えてくれた。さあここからはむちゃくちゃやった。

「Hello! I'm Japanese engineer. I'd like to work here.（こんにちは、私は日本のエンジニアです。私はここで働きたいです）」

旅行のガイドブックに載っている例題を利用して、単語だけ変えた。やけどここからは身振り手振りの連発や。写真見せて指さして、「あ～これ、おれ」と自分を指差す。カタログ見せて、「前の会社でこれを造っていたし、そしてこれは設計もした。機械を使ったり、ワイヤーカットやCAD/CAMや……。とにかく最初は無償でいいから、手伝いだけでもいいから働かしてほしい」と頭の中で思いながら話をしてるけど実際は単語だけ適当につないどるから通じとるかわからん。ともかくおれは受付の女性を相手に必死にしゃべっていた。今までのパターンからするとやっぱりアカンかな、と思っていると彼女が突然部厚い紙を出してきて、「これは書きましたか?」と聞いてきた。

「いいえ」

「これを書いてからここに電話してだれそれを呼んで……アポイント……面接が……」

何を言うとるかさっぱりわからん。雰囲気から判断したら、まず紙に記入してこの書いてあるとこに電話して、その後……なんじゃ？　う～ん……。ええい、書いた後でもう1回来たれ。

「Ｓｏ～（だから～）、Ｆｉｒｓｔ（最初は）、あ～、ライティ～ング（書く真似をする）、あ～、テレフォ～ン（電話番号を指さす）、え～と、また来るはなんて言うんや……、Ｉ，ｌｌ　ｂｅ　ｂａｃｋ!!」

その瞬間、おれには映画『ターミネーター』が思い浮かんだが、彼女はただ大笑いしていた。でもおれはめちゃくちゃうれしかった。ダメだと思っていたのがほんの少しやけど光がさした。1パーセントでも可能性ができた。今これにかけてみようかと思う。車を買ってフラットを見つけて、電話も買って……。このひとすじの光のために。今までで一番綺麗でやさしい受付やった。「ここで働きたいのですが」としかまともに言えんかったのに……。今からオークランドに帰ってやることがでてきた、やる気もでてきた。今、人生を楽しんでいる気がする。

午後オークランドに到着。ＪＴＣに行くと陽子さんがいたのでさっそく報告した。が、喜んでいるところ申しわけないですがというような顔をしながら、「あの～、これアプリケーションフォームでしょ。これって頼めば誰でももらえるんですけども……。大きい会社やきちっとしたところはみんな、こういう会社独自のアンケートじゃないけど自分の経歴を詳しく書いてくれというような紙を持っているのです」

おれはこんなのもらったのは初めてやったから喜んどったけど。ショックや。でも書いて出してみるまでわからへん。明日はクライストチャーチに行って用事を先に済ませてしまうことにした。スーツケースも一応持って行くことにした。エアニュージーランドにしたおかげでクライストチャーチ往復の券が付いていた。

21日。クライストチャーチは寒かった。けどＪＴＣではみんな温かく迎えてくれた。頼まれていた物も渡すことができた。翌日は朝からアプリケーションフォームを書いた。辞書を片手に住所から職歴から自分を推薦してくれる会社や資格や免許など、要は履歴書に書いてあるのをもっと詳しく書くものやった。それがまた難しい。枚数がかなりあって聞けばいいけど自分でやらないといつも助けてもらうばかりじゃ力にならない。下書きはなんとか終了して明日ちゃんと書いてコピーをとる予定。ダイさんやタクさんにも会っておきたい。

22日。２日間シャワーを浴びてないせいか風邪気味。今日も1日中アプリケーションフォームに時間がかかった。ＪＴＣのかよみさんに意味のわからないところを教えてもらい、一通りチェックをしてもらう。途中笑いながら、「ほんとにこんな理由でいいの?」と言われたが、構わないと言った。それはあとでわかるけど、ほんとうに助かった。ほとんどやってもらったのと同じようなもんや。かよみさんはほとんど弁護士なみやった。話もいろいろ聞けた。この国に15年以上住んでいてそこから見た自分の感想を教えてくれた。特に教育に関してのことが興味深かった。日本では落ちこぼれでどうしようもなかった子が変わっていく姿や親の金でただ好き放題に遊んでいる子など日本での教育システムとこちらの教育システムの違い、お互いのいいところ、悪いところ、そして環境のすばらしさなどについての話が次々に出た。たしかにそれはおれも同感やった。何歳になっても大学にいけることなどは日本でも同様やけど、ここではもっと簡単にできるしお金もかからない。こちらではもっと個人の個性を尊重するし、環境ものんびりしていて税金だ保険だと黙っていても金をとられていくわけでもないし、休みに弁当を作って車に乗ってわざわざ遠くにでかけなくても毎日その辺でゆっくりできる。おれも自分のことを話していろいろ教えてもらったけど、最後にかよみさんが、「でもね〜、ほんとうは日本とニュージーランドを比べるというのが間違っているんだよね。日本は日本。ニュージーはニュージーなんだから」と言っていたのが頭に残った。アプリケーションフォームといっしょに出そうと思っていたおれのメモもかよみさんにチェックしてもらい的確にアドバイスをしてもらった。

それは以下のような内容やった。

「私はキーストン関連の仕事を日本で5年間していました。バイパスユニットの組み立てやテンプロー減音器の設計、製作組み立てなどです。それをヤウエイやキーストンに納めていました。私はさらに能力や経験を積みたく、関連のある当地のこの会社を選びました。でも私は日本人なので英語をうまくしゃべれません。しかし、私はとてもよく働きます。最初はボランティアで構いません。必ず結果は出しますので、ぜひ働かせてください。もし面接という大きなチャンスを与えてくださるなら、とてもうれしいです」

今まで履歴書といっしょに見せていた文章があまりにも意味不明だったらしく、ほとんど書き直した。最後の方はかよみさんも熱が入ってきて専門用語をどうにかして英語にしようと、そして相手に良い印象を与えるような文章を書こうと協力してくれた。隣にいたみかさんからは、「普通は弁護士に頼んでしてもらうようなことやで。ほんまによかったな。感謝せんとあかんで」と言われた。ほんとうに助かった。手書きで書いた文をそこに出入りしていたゆうこさんにパソコンで打ち直してもらいフロッピーにとってもらった。しかし悲しいことにせっかく出来上がった英文の文章をおれはいまだに全部理解できん。

24日。昨日偶然クイーンズタウンでいっしょのフラットに住んでいたナオさん夫婦とその友達のカオルさんに会った。今日は4人で夕食を食べた。みなと話をしていたら日本に帰りたくなくなってくる。やっぱり住むならニュージーランドかな。おれは今、車のことで悩んでいる。

25日。今日はラグビーのファイナル試合。町は大盛り上がり。前のフラットに電話をしたらタクさんが迎えに来てくれた。久し振りに話をした。今回のことも話をして書いてきたアプリケーションフォームや添える紙を見せた。2人とも現役の大学生だ。すると突然「これ本気で書いてるの？　こっちは冗談通じないよ」と笑い出した。指摘されたのは最初の会社を辞めたのはなぜですかという質問のところで、回答に、「destroy　of　earthquake（地震で破壊された）」という個所と、ニュージーランドを「NZrand」と書いたところや「英語以外に話せる言葉は日本語」と書いたところなどだ。2人のアドバイスで適当な文に直し、そして添付メモについても気付いた点を直してもらった。さすがに現役は違う。その日はそこに泊まらせてもらい翌日はボールペンで清書をした。もう一度ゆうこさんにパソコンで打ち直してもらいそのフラットにいたダイスケさんと話をした。彼は明日オークランドに帰るおれを空港まで送ってあげると言ってくれた。チャーチに来てほんまによかった。1週間もおらんかったけどムダな日は1日もなかった。会いたい人にも会えたし、その人たちに助けてもらい、いろんなアドバイスももらった。アプリケーションフォームはかよみさん、その訂正はダイさんとタクさん、パソコンはゆうこさん、本はゆかこさん、そして明日送ってもらうダイスケさんもやし、ナオさん夫婦とカオルさんとの出会いもや。

27日。朝ダイスケさんに送ってもらいオークランドに向かう。着いてすぐに荷物を置きに行った。この1週間を振り返ってみてもこのアプリケーションフォームを出さないで帰ることはできない。でもあそこで働こうと思えば、車がないと話にならない。10万円以下の車なら張り紙がたくさん出ている。でもおれの心は1つやった。このニュージーランドに来た時に最初に出会った人は車屋のシンジさんやった。おそらくあの人はもうおれのことは覚えてないだろう。でもおれはなんかひっかかっていた。

堀田シンジと久保シンジ……。自分の過去を振り返ってもわかるように、何も関係ないかもしれんけども、どうしても結びつけてしまう。結果はどうあれここに来て車が必要になったのならシンジさんに話をしてみよう。そう思って電話をした。

「車のことで少し話があるのですが」と言うと電話の相手が代わった。

「予算はどれぐらいでしょうか?」

その声ですぐにシンジさんだとわかった。

「いや、予算といっても安ければ安いほどいいんですけども」

返事をされる前におれは続けた。

「安い車ならその辺のワーホリの人たちが売り出しているような車を買えばいいんですけども、どうしてもシンジさんという人と話がしたくて電話をしたんです」

それを聞いたシンジさんは、買う買わないは別として明日来てくださいと快く返事をしてくれた。

翌日の朝TAMA AUTOに行き、シンジさんに会った。今までのことを全て話し、なんでここに来たかという理由も話した。シンジさんは内容を理解してくれすぐに知り合いの働いている土産店に電話して求人をしてないか聞いてくれた。いずれにしても車は必要だった。でもシンジさんはどうでもいい車は売りたくない人だ。勧めてくれた車は真っ黄色の1981年ダットサン、サニークーペだった。そこに来ている連中は走るのが好きな人たちだった。おれは車には全く興味がないのでその車種がいいか悪いかはわからなかった。おれの財布の中身も知っているシンジさんは、「2500ドルでいいよ。その代わりヨシがここにいる間は全て責任持って見てあげるから」と言ってくれた。それが高いのか安いのかわからない。ただ信じた人の言うことやからアドバイスに逆らうのはやめよう。おれは即座にその車を買うことに決めた。

この時もう1つ決めたことがあった。母親にもらったお金を使うことだ。ユウキにもらったお金だけでは車が買えん。いざという時のためにと持っていた母親のお金……。それを使うのは今しかなかった。車は明日引き取りにくることになり、帰りはたまたまそこで出会った出橋さん夫婦に送ってもらい、昼ご飯までごちそうになった。今でも覚えているのが、夫婦と話をしている時に、「親切という言葉は、その字の通り親を切って初めてわかるものなんだ」と言われたことだ。自分1人の力では何もできなかった。ここまでくるのにいろんな人の力を借りた。夫妻は、「いつでも遊びにきてください」とやさしい声をかけて、おれを町まで送ってくれた。

その日は3時からさっきシンジさんに紹介された友人の働いている土産店で面接があった。でも複雑な気持ちやった。先にTYCOのアプリケーションフォームを出して結果がわかってからだと良かったんだが……。そこは経営者がニュジーランド人なのでワークビザを取れれば後々有利である。シンジさんの友人は人事担当の人だった。店の奥に案内されしばらくすると2人の日本人がやってきた。おれが2人の子供がいてここで働きたいというのを聞くと渋い顔をしていた。

「否定的な言い方になるかもしれませんが、そうとう厳しいですよ。旦那さん1人で妻と子供2人を養っていくのは。こっちは共働きが当たり前ですから。今の状況では働くこともできないでしょうし、一からやるなら　そうとうがんばらないとやっていけませんよ。その覚悟はありますか?」

おれに気を遣って遠まわしな言い方をされたが、この質問はグサッときた。というのもおれの気持ちはこの土産店にはなかったからである。シンジさんは、とにかくどこでもいいからワークビザを取って、その後2年の間にどうするか考えたらいいんだよ、という考え方だった。

おれは、「ほんまに2年間土産を売る仕事ができるんやろか?」と自問自答してみた。本心はやりたくなかった。でも紹介してくれた人たちの顔を潰すわけにはいかない。その覚悟はできていた。しかし目の前に座っているのは暗い顔をした人たちだ。ほんとうに仕事が大変そうに見える。突然女の人が入ってきた。横に座ってベラベラ話してくる。男性から小声で、「店長です」と言われた。店長? 彼女がなにをしゃべっているかさっぱりわからない。その場でアプリケーションフォームを書かされた。書けるわけがない。過去に経験したことがあるかないかという項目が何十個所かあった。販売、パソコン、それに関する免許などだがおれに該当する個所はほとんどなかった。英語は話せなくて大丈夫と聞いていたのに話が違う。

結局、店長は丁寧におれを断った。シンジさんの友人は店長に話をしに行った。しばらくして、「こっちの国は能力があるかないかで人を見ます。あなたはこういう関連の経験が全くないし、最低限の言葉を話すこともできない。店側としてはわざわざ最初からマイナスの要因のある人間を雇う必要はないということです。そして例外は認めたくないということでした。でも私の考えは少し違います。やる気さえあればどんな状況でも克服できると思っています。それがどうしてもわかってもらえない。すみません。でも、もう一度だけ店長に進言してみます。やる気が一番重要だと。ただ私も雇われの身です。必要以上にいうと自分の首が危なくなります。だから期待をせずに待っていてください。今週中に返事をします」とおれに言った。

全くその通りだ。どちらの言い分もよくわかる。結局は自分の知識のなさが原因だ。しゃあないな。

29日。母親の金にまで手を出して車を買った。ここからが勝負や。今日は1日TAMA AUTOにいた。シンジさんと話をしていた。ニュージーランドに来るきっかけはラグビーからだったらしい。行動を起こそうと考えた時にはもう40歳を超えていたそうだ。でも決めたらすぐに行動に移し、いろんな人に助けられて今に至ったらしい。とにかく話好きの人や。「せっかくニュージーに来たんだから、乗馬やゴルフやラグビー、ダイビングなんか最高だよ。今年はアメリカズカップもあるし、夏になると……」という具合で、シンジさんと話をしているだけで楽しくなる。

シンジさんは同じ貧乏でもこの国の方が楽しく生活できると言っていた。心の底から生活を楽しんでいるのがよくわかる。不思議やった。出会う人によってこんなに物事の見方やとらえ方が違うのは……。シンジさんは楽しい話やいろんな人の情報を教えてくれた。その中でも次の言葉は、今でも、これからも忘れないだろう。

「ゲームは好き？　深刻に考えたら気が重くなるだろ。ゲームだよ。ゲーム。別に命を取られるわけじゃないんだから。僕たちは普通の人がやったことないようなゲームをしているんだよ。そう思うと楽しいだろ。永住権取りゲーム。ダメだったら、またスタートからやればいいんだ。まずは就職を、そしてワークビザを、とゲーム感覚でね。同じやるなら楽しくやらなきゃだめだよ」

おれは目が覚めたような気分やった。開きなおりじゃない。『ドラクエ』や『ファイナルファンタジー』などゲームは好きや。でも一番好きなのは『三国志』や『信長の野望』などだ。でも今おれは他人のゲームをさせられているんじゃない。自分のゲームをしているんだ。おれが主役や。そう思うとすぐにでも動きたくなった。期待もせずに残り2日も待てない。明日店に聞きに行くか、電話をして結果次第ですぐに次の行動に移ろう。

翌日の朝、電話がかかってきた。

「申しわけないですが、今回は見合わせたいということになりました」

「いえいえ、とんでもないです。こちらこそいろいろと迷惑をかけまして……」

おれは内心ほっとしていた。なんかうれしかった。さあ今からが最初で最後の勝負や。JTCに行って預けているスーツケースから必要なものを全て取り出した。写真やカタログ、アプリケーションフォーム、そして日本で働いていた会社が『報道ニッポン』という雑誌に載ったことがあったのでそれも持って行った。もちろんスーツも持って来ていた。

ハミルトンに到着すると、車の中でスーツに着替えていざTYCOへ。受付に入るとあの感じのいい女性がいた。持ってきたアプリケーションフォームを渡すと彼女はなにかメモをとっていた。そばにいた男性が、「携帯電話に今日か明日電話します」と言った。これで多分やることは全てやった。結果はどうであれ悔いは残らない。しかしその日は電話がなくYHAに泊まった。

31日。朝から電話とにらめっこや。ハミルトンガーデンというところに車を走らせて広い駐車場に車を停めて1人シートを倒して寝転んでいた。2時間、3時間、やがて昼がきた。そしてまた1時間……。スーツに着替えてこれで何時間たったたやろ……。

ええかげんにせえよ！　ええならええ、あかんならあかんで電話してこいよ。何時間待ったらええんや。すっぽかすつもりちゃうやろな。電話するって言うたやないか……。ちょっとまてよ……、よう考えたら電話がかかってきても、おれ理解できんやないか！　ええい、ここまできたら直接聞きに行ったれ！　そう決意して、おれは再度会社を訪れた。

「電話で返事を聞いてもおれは英語を理解できないので、直接聞きにきました」と言うと、困った顔をした彼女は奥の方に入って行き、やがて戻ってくると、「今、会議中なの。ここで待ちますか？　それとも30分ほど後でまた来ていただけますか？」と尋ねた。「おっ、追い返されへんのか。それだけでもよかった」と胸をなでおろしながら、おれは、「30分後にもう一度来ます」と答えて、近くのバーガーキングで昼食を食べた。「さあどうなるかね」と思いながらおれが再度ＴＹＣＯを訪ねると、すぐに彼女が誰かを呼びに行った。そしてＭＡＲＫ（マーク）というおなかが出ていてぽっちゃりしているが、やさしさと貫禄を兼ね備えたような人がおれの前に現れた。少し話をすると、「こっちへ来なさい」と首を振った。案内されたのは会議室のような部屋だった。おれは思わず、「おお！　面接してくれるんか！　がんばったかいがあったで！」と心の中で叫んだ。

部屋にはいると椅子に座りなさいと指示をされる。マーク氏も座りこちらを向いた。おれも彼を見た。するとマーク氏は両手を大きく広げて、「用件はなんだい。どうぞ話しておくれ」というような仕草をする。ぬわにぃ～！　何も聞いてないし、アプリケーションフォームも見てないんかい！　また一から説明せなあかんのか。さあどうする……。たしか車にコピーがあった。でもあれは訂正する前のやつや……。しゃあないここまできたらあたって砕けろや。

「ちょっと待ってください」と言っておれは車に戻り、コピーしたアプリケーションフォームと前の会社での写真、キーストンのカタログ、『報道ニッポン』の雑誌、そしてあのキーストンの帽子をかぶっているポラロイドの写真を抱えて部屋に戻った。

「私は日本のエンジニアです。私は日本でこんな仕事をしていました」と言いながら、おれはCD製作や穴開けラインの写真など普通の人が見てもわけのわからん写真を見せた。多分マーク氏もなにがなんだかよくわからんやろう。

「僕はこの工場で、こういうのを設計したり加工したり組み立てたりしていました。うちの親父はこれらの製品を自分の工場で溶接してました。また複雑な加工は、CAD／CAMでプログラムを作って機械に送ったりしていました」

それからキーストン社のカタログを見せ、図版を指差しながら、「日本ではキーストン社関連の仕事もしていました。このバルブやこの部品などを設計、製作していました」とフォローしながら、今度は『報道ニッポン』の雑誌と自分がキーストンの帽子をかぶっている写真を見せて、「これ私、これ私、20歳。とにかく最初はボランティアでもいいから働かせてほしいんです」と叫んで、パソコンで打ってきた紙をマーク氏に見せた。

これは上手く日本語で説明しているけど、おれが実際にマーク氏にしゃべったことはもちろん文章にもなってない。ほとんど単語とジェスチャーの組み合わせである。それでもめちゃくちゃ必死やった。とにかく表現できようができまいが知っていることを全てしゃべっていた。マーク氏は言葉ではよくわからないようで立ち上がって、「ついて来なさい」と言って工場の中に入っていった。中には機械がたくさん置いてあり、作業服を着た外人がたくさんいた。マーク氏は1つ1つ機械を見せておれに説明をしてくる。まったく聞き取れん。でも単語とニュアンスで、「ふむふむ。なるほど」と適当に相槌を打っていた。おれは、「何じゃこりゃ、なんか難しい部品を造りよるぞ。しかも全部ステンレスや。う～ん……、わからん……。でも機械は日本製やないか。しかもおれの使っていたのと同じメーカーや。でも古い機械やなあ～」と思った。

マーク氏が「どうだい」と聞いてきた。だからそれを英語で答えられたら、苦労はない言うんや。機械が古いしか言えん。それで、「古い機械ですね」と言うと、氏に苦笑いされた。ありゃ、やってもうた。

次にマーク氏は、機械で造った部品を組み立てているところへおれを案内した。

「ここが組み立て場だ。どうだいあれは見たことあるだろ?」何を言うとんやろ。あんなん一度も見たことないぞ……。それから梱包して出荷前のところに行き、「見なさい。日本の君の会社に送っている部品だ。見覚えあるだろ。あれも、これもそうだ」と教えてくれた。おれは適当にうなずいていたが、すぐに気が付いた。あちゃ～!　この人、おれが日本キーストンで働いていたと思っとんや。おれはそれに関連する仕事もしていたと言ったつもりやけど……。あの紙にもそう書いたはずやのに……。多分あの帽子をかぶった写真を見て勘違いしとんやろなあ～……。まあええか。英語で訂正することできひんし……。

次にマーク氏は隣の工場を見せてくれた。そして最後に、「君はどこがやりたい？」と聞いてくるではないか。えっ！　ということは……？　もしかして雇ってくれるんか！　どこがええって？　そら機械を使えたらええけども……。

おれはわかっていた。この業界は言葉1つ間違えたら命に関わるということを。これは言わんとあかん。

「アイ　ウォント　ユーズ　マシーン（私は機械が使いたい）。バッート！（しかーし！）、アイアンダースタンド（私はわかっている）、イフ　ワン　ディッファレント　ラングエージ（もし、一つ言葉を間違えたら）、ライフ　イズ　デンジャラス（命にかかわる）」

マーク氏は笑っていた。多分通じてないのだろう。とにかく最初は組み立てをさしてほしいと言った。その後、事務所に行き設計をしている人を呼んで、「彼が日本によく行っている〇〇だ。君は日本で会ったことあるんじゃないか？　ハハハ……」。

おれはわけがわからん。仕方ないからいっしょに笑っていた。そして別室に入り経理というんかどうかわからんけど給料や人事の管理をしている女性を紹介されてその場でなんと契約書を作ってもらった。仕事のスタートは6月4日。4日後だ。最初の1カ月は組み立て場でボランティアで働いてその内容次第でさらにもう1カ月雇うか決めて、だめなら違う会社を紹介してくれる……と、おれはその時そう解釈した。そしてマーク氏にはほんとうに感謝した。

「こんな素晴らしいチャンスを与えてくれてありがとうございます」とその喜びを不器用な言葉にすると、おれはマーク氏にバンと肩をたたかれて、契約書と会社概要を渡された。おれにとっては膨大な量だ。これを全て読んで内容を理解したうえでサインをしないといけない。サインをする場所はいたるところにある。でもその時のおれは勢いが違う。道が開けたうれしさで、「うおおりゃ～～、なんでもこんかい～！」という心境や。おれにしてみればこれは奇跡に近かった。英語をしゃべれんがために雇われた部分もある。

後でわかったことやけど、この後マーク氏は日本キーストンに連絡して「ヨシという日本人がこちらに来たがどういう人間だ」と、問い合わせたらしい。が、当然「そんな人はいないですよ」となる。そしてアプリケーションフォームに書いてあった前の会社の名前から、ああクボさんの会社にいたのかと納得がいったらしい。社長の兄貴さんが日本キーストンと古くから取引があり、お互いによく知っていた。おれを面接してくれたマーク氏はキーストン以下4つの会社を束ねているTYCOグループの幹部だということもわかった。今日の大事件をメールで前の会社に報告したら、その2日後ぐらいに社長から、「今日、日本キーストンから電話があって、ニュージーランドのTYCOがよしひろのことについて問い合わせてきたらしい。何のことかわからないが、うちの会社とお前の関係を教えたら先方は納得してたよ」とのメールが返ってきた。話が後先になったけど、このメールでもろもろの事情がわかった。

翌日、クライストチャーチでお世話になったユカリさんと会うことが出来た。昨日の朗報をみんなに報告したら、かよみさんやミカさんダイさんタクさん……、みんな喜んでくれた。それからユカリさんの友達という人にも会って3人でビビンバを食べながらいろいろ話した。その人も長くこの国に住んでいるが、「平田さんをがっかりさせるかもしれませんが、正直、永住権どころか、ワークビザをとるのも難しいですよ」と言われた。ユカリさんも、「仕事が出来て当たり前だからこれでホッとしないようにね。仕事が出来て、英語がしゃべれて初めて現地の人と同じ土台に並ぶのだから……」。

と言われた。でも最後に、「物事というのはどんなに困難でも心の底からそれをやりとげよう！って思って行動を起こしていたら自然とチャンスが寄ってくると思うの。でもね、少しでも疑いの気持ちがあるとどんなに簡単だと思っていたことでもみんな足元から逃げていくのよねえ〜……。今までの経験からそう思うの。それと何事もやったもん勝ちよ。ブツクサ言うよりもやったもん勝ち。がんばってね！」と励まされたのはうれしかった。

この日の夜は、昨日ＪＴＣのメンバーと鍋を食べた時に知り合った雄一郎君のところに泊まった。彼は学生でここに来て半年になるが、まだ日本人の友人がいないらしく、特に男性は少ないのでおれを歓迎してくれた。彼は親身になってくれ、ＴＹＣＯの契約書の内容をいっしょに和訳してくれた。ほとんど雄一郎君に助けてもらった。2日間で一通り目を通したけどちんぷんかんぷんや。でもあの鍋の時に彼に出会わなかったら今頃どうなっていたことかと思う。でも火曜日からはおれ1人になるんや。一期一会とはよく言ったもので出会いの大切さを本当に強く感じる日々や。今おれのやっていることはギャンブルと同じといっても間違いじゃなかった。けど助けてもらい、助けてもらいで今ここまでたどり着いた。ありがとうございます。とともにこれからもやったるで！

6月3日。この2日間完全に雄一郎君の世話になった。メシも食べさせてもらい、泊まらせてもらい、手伝ってもらい、辞書まで借りた。とてもありがたかった。ここハミルトンのＹＨＡではコリアンの女性にみかんをもらった。さあ、明日から仕事だ。緊張する。もうこれで日本語はほとんど使わないであろう。

6月4日。朝何度も目が覚めた。車がちゃんと毎日動くか心配や。初日の仕事場ではみな明るく接してくれてとても感じがよかった。全て1回で覚えようと仕事の説明や気になったことは全てノートに書いた。組み立てを希望したおれはチャーリーというカンボジア人に一から教えてもらう。まずこの組み立てチームの名前を覚えようとチャーリーに尋ねるがさっぱり聞きとれん。スペルを1つずつ聞いてもわからん。はっきりいうて会話能力なしや。でも不思議やった。言葉がわからんかってても仕事はすべて理解できた。何年もやってきた業種やから言葉がわからんでも何が言いたいかわかる。例えばラーメン屋をしていて言葉の通じない国でラーメンの作り方を教えてもらう。何をしゃべっているかはわからんけど、見たかぎりこれはだしをとっている。そして今は具の入れ方やな。言っていることはだいたいわかるぞ。といったぐあいや。ラーメンに例えたけど今のおれの状況も同じやった。発音は違うけど結構日本語と同じ言葉がたくさん出てくる。おかげで楽しく仕事ができた。時間もきっちりしている。

5日。痔がなおらへん。緊張と疲れと食生活が不規則やから。昨日のメシはクロワッサン2つとポテトチップ。今日はクロワッサン1つとチョコレート。明日はチョコレートとドーナツになるだろう。フラットを探した。1つはいっぱい、もう1つは誰もいない、最後の1つは返事待ち。YHAは旅行者がほとんどなので大部屋は入れ替わりが激しい。おれの部屋は5人部屋で8畳ほどの部屋にベッドが5つ、うち2段ベットは2つある。その中で毎日おれだけが朝早く出て行く。毎日人が代わるから気も遣う。はやく自分の部屋でゆっくりしたい。疲れがとれん。

翌日、3日ぶりにメールをみたら、TYCOから日本キーストンへ、そこからクボエンジニアリングまで話が行っていることを知り驚いた。さっきの話をこの日に知ったわけや。でも元気とやる気が出てくる。次の日は金曜日。また雄一郎君の世話になった。JTCに預けていたスーツケースを彼に預けて、JTCから借りていたカーネギーの本を雄一郎君に返してもらった。彼に会社のことを話した。おれが覚えた英語を彼に話すが、さっぱりわからないという。語学学校で習うのと現地の人の会話とはかなり違うものがあるらしい。おれにはどっちもわからんけど。ただ会社の連中はなにかというと、「オーファック。……ファッキンカー……。ファッ〜ク……」と語学学校では絶対使わない言葉ばかりで話している。おれがこの4日間で覚えた言葉はろくでもない言葉ばかりかもしれん。

8日。ハミルトンへ帰るなりフラットを探す。ここでは新聞を買ってその中から情報を探して自分で電話をして見に行ってという方法しかなかった。でもなかなかうまくいかない。何度も電話して見に行って、自分がいいと思っても向こうに断られてまう。その日の夜やった。毎日YHAにいろんな国の人が泊まりにくる。日本人もいつも何人かはいた。みな若い男の子か女性がほとんどで、楽しい旅の話やこれからの予定などを話していた。会話はしても彼らとおれの状況は違っていた。この1カ月が勝負で必死に毎日ノートをまとめているおれ。本当にその道が一番良い道なのかは自分でもわからない。ただ今はそれ以外に何も見つからなかった。でも今日は違った。おれの目の前に1人の日本人男性が現れた。ひげをはやして、会社の名前の入った作業服を着て、おれとたいしてかわらない英語を受付で話している。おれと同じ匂いをもつ人間だということはすぐにわかった。彼の名は上米良《かみめら》タケシ、年齢は27歳だった。話をするうちどんどん盛り上がっていった。なぜかって？　こんなに自分と似た人物に会うのは生まれて初めてやったからよ。顔や体つきは違うけど物事の考え方は気色悪いほど同じやった。彼とは真剣に何時間も語り合った。タケシさんは今までクロス張りの仕事に何年も費やしてきた。ある日ふと上司や今までの自分を見つめた時に、「自分の将来の姿は今のこの上司たちなのか。おれはそれで満足できるのか？」と思ったらしい。そこから出発してワーホリを利用して自分探しの旅をしているというのだ。でも出会う人はみな旅やこの先のニュージーランド生活の話ばかりでなかなか答えが見つからないらしい。

おれはタケシさんに自分の話をした。前の会社、今の状況、出会った人、そして学んだこと、今の心境……。おれにとって大きく考えを変えさせられたのが、『金持ち父さん、貧乏父さん』という本だという話もした。お金についての考え方や見方、自分が小さい頃から見てきたことや体験してきたことがこの本の内容と重なったというのもある。そしてなにより重要な教訓とは、自分が変わることとやった。でもまだ答えが見つからない。タケシさんは目をそらさずに集中して聞いている。話のあと彼は「実はわたしも大きな影響を受けた本があるんです」と言って、1冊の本を出してきた。『マイ・ゴール』という本やった。

「人生で成功したいと誰もが考えますね。この本は、何が成功かわからないけど私たちのように必死にその答えを探している人には参考になると思います。まず本当の目標を持つことが大切です。でも本当の目標というのは、本当の自分を見つけないと出てこない。その本当の自分を見つけるための本です。その本当の自分とは生まれてから今まで生きてきた過去の中に全て眠っている。それを思い出すにはその答えを導き出す質問が大切なんですね。この本の最後には生まれた時から今までに関する469個の質問が書いてあります。僕はこれをノートに書いて少しずつ埋めていきました。最初は空白だらけだったのが何度も何度もやるうちにだんだん埋まってきて、気が付けば今まで親父を嫌っていたのに、涙が出て感謝するようになっていました……」

おれは彼の話に非常に興味があった。生まれ変わるなら戦国時代、好きなゲームは『三国志』や『信長の野望』、好きな映画は『ブレイブハート』。ジジくさい考え方、自分が主役になりたいこと、『プロジェクトX』を見て涙するところ……。2人の趣味と嗜好は期せずして一致しとった。お互いに自分のような人間は他にはいないと思っていただけにほんまに熱くなっとった。

そのありさまをここのYHAのオーナーのヘレンが見ていた。タケシさんはこの日部屋がいっぱいで泊まれなかったので他のユースを探しに行かないといけなかった。するとヘレンが、「ダブルベッドの部屋ならあいているけど、どうする?」と聞いてきた。きっとおれが何日も泊まっているので融通をきかせてくれたのだろう。タケシさんは「別に構わない」と言うし、おれも構わなかった。野郎2人でダブルベッドは気持ち悪いけど、なんせでかいベッドやしお互いに端の方で寝た。夜中まで話し込んでいて、最後に出てきた結論は、「なんだかんだと言うとるけど……、結局は自己満足なんかなあ〜。満足しとったらなにも行動してないやろし、こんなにも悩むこともないやろし……。さて、おれはどこで満足できるんやろ……」やった。

タケシさんは翌朝、ラグランという海のそばの小さな町でひとりでゆっくりと将来を考えその答えを探すという。昨日おれと出会ったことで、自分の道が変わったらしかった。おれにとってもこの日の出会いが今の自分をつくりあげるキッカケになった。

9日。朝タケシさんをラグランまで送り、帰りにドイツのなんとかさんがヒッチハイクをしてたので乗せて帰る。その日、YHAで半年以上住んでいるのりさんに出会い、この町でフラットを探しても1カ月ほどしか住まない可能性のある人だと誰も受け入れてくれないことを知った。ここは都会と違い入れ替わりが少ないのでみな長い間住む人を探している。最低でも3カ月、それも大学の近くでの話である。それを聞いてもうフラットを探すのは止めた。帰ってからヘレンにまた1週間泊まると言った。1回の予約の最長は1週間やった。思えばここまでの1週間も内容が濃いかった。工場での仕事はとても楽しい。みな親切だし、声をかけてくれるし、音楽聴いて歌いながら作業して、時間になったら途中でもパッと止めて帰る。文化の違いを感じた。しかしあと3週間しかない。どうなるかわからんけど一生思い出に残ることは間違いない。しかしやっぱりもっと仕事がしたい。料理もそろそろやらんとあかんけど……。しかしタケシさんほどおれと似たような人は初めてやった。これでもしも漫画の好みが『花の慶次』や『夢幻の如く』で、『北斗の拳』なら雲のジュウザ、『魁・男塾』やったら江田島平八のファンやと言ったら、2人のDNAもいっしょやな。

10日。ボランティアだと思っていたけどちゃんと給料はくれるようだった。TYCOはきちっとしている会社のようでおれが入るにあたって、火事がおこった時の避難場所や怪我をした時にどこでどういう処置をするかとか、その時に書く紙、そして安全に関しての注意事項や決まりを組み立てチーム全員でスライド写真などを見せられて教えられた。おれのために全員が呼ばれるのはいいが、内容は30パーセントほどしかわからん。指導員が靴のほうを指差して話していたら、ああ、安全靴やな。その後めがねや耳を指差したら、ああ、ゴーグルと耳栓ね。そして話の中でファイアという単語がでてきて、向こうの方を指差したら、ああ、火事になったら向こうに避難ね、とほとんど想像の世界や。常に五感が研ぎ澄まされる。その後でおれはマーク氏に呼ばれて

1項目ずつチェックされた。どうしても理解してもらわないといけないという感じだ。マーク氏が「本当にわかっているか?」と聞いてくる。が、返事が英文にならん。

「あ〜、If(もし)、enywhere(どこかで)fire(火事)、over there.(あっちに行く)」

これでなんとか通じた。ISOという環境整備制度を採用しているのでほんとうにきちっとしていた。しかしこれからもらうであろうお金でいったいどういう生活ができるのか……。ちゃんと計算しないといけない。毎日のように金は出ていくけど、いったいいくらに抑えればよいのやら、とても大事なことだ。

11日。1日経つのが早い。といっても8時間の仕事やからかもしれん。いったい今の体重はどれぐらいやろか。多分また56キロぐらいやと思う。9キロほど減ったかもしれん。英語に耳が慣れてきても、単語がわからんかったら意味がない。毎日天気は悪いし、4時から暇やし、うまいもんが食べたい。

12日。今日給料をもらった。やっぱりもらえた。でも計算通り330ドルやった。日本円で1万7千円ぐらいかな、1週間で。引っ越し屋のバイトやったら2日分か……。こんなんで家族で暮らすのは難しいかも。でもなんか手はある。頭を使わなあかんな。ないけど。

13日。タケシさんが帰ってきた。4日間考えた末に出た結論は、答えはカンボジアにあるということだった。昔カンボジアに行ったことがあり、いろいろ考えているうちにカンボジアで日本語を教えてみたいというところに行き着いたそうだ。さっそく明日旅行会社に行くらしい。多分こういう時はうまくいく。

翌日、町で見つけたフライトセンターで月曜にバンコクへ行くチケットを買った。週末なのでその日の夜はタケシさんとささやかなパーティをする。お互い趣味も特になく、服は着れればいい。車は走ればいい。夢物語が好きでバカなロマンを真剣に追求できる人がほんまにおった。

次の日、オークランドにタケシさんを送り、もう1人の『プロジェクトX』人間の雄一郎君に彼を紹介して、3人で飯を食べた。その後、話は熱く盛り上がった。タケシさんと雄一郎君も波長が合ったのか、2人でおれに、「ヨシさん。武士道とは?」と尋ねてくる。

「……はっ?……」

「ダメですよ~。武士道とは死ぬことです。この本に書いてありますよ」と、『武士道』という本を手にしたタケシさんが言った。

「……で、どういう意味?」

「わかんねえ。死ぬことらしい」とタケシさんが言う。バカ話やけど仙台、兵庫、名古屋の人間が集まることができたのは外国ならではやった。久し振りに家に電話した。

今週は電話で子供の声は聞けんかったけど、2人と熱い話ができておれも負けられんという気持ちになった。今週で2週間が過ぎた。あと2週間や。

17日。ガソリン入れて、YHAのお金払ったりしたら100ドルなんかあっという間になくなってまう。今日の朝はめちゃくちゃ寒かった。昨日晩飯を雄一郎君の家でたらふく食べたから今日は何も食べんでも大丈夫やったけど、残業を最高でも1時間しかできないというのがようわからん。納期に間に合わんぞ。

18日。みな日本に興味を持ってくれてうれしい。日本語を少しでも教えてくれと言われるとうれしい。車の力や、電化製品の力もあるけど日本の技術はすごいと思われている。毎日みんなとコミュニケーションをとって早く英語をしゃべりたい。土曜日にいっしょに食事をしようとヘイザーに誘われた。

19日。今週の給料は400ドルを超えた。土曜日に出勤したのが大きかった。いったいおれは会社でどういう評価をされているのやら……。もし3カ月間見習いとして雇われたらどこに住めばいいのやら。

20日。今日は荒れ狂う天気やった。今週はコーンフレークとインスタントラーメンとドーナツで過ごしている。このままでは間違いなく体調を崩すだろう。

21日。久し振りに子供の声が聞きたくなった。やはりだいぶ疲れているんだろう。ついでにうまいもんが食べたくてしょうがない。やっぱり金があっても1人では食べに行く気がしない。タケシさんがカンボジアに行っている間、あの『マイ・ゴール』という本を借りた。ほとんど読み終わり、最後の469個の質問があるところまできた。この本との出会いに運命的なものを感じる。今の状況にはぴったりや。ノートを買いにいこう。

22日。昨日の夜は約1年ぶりにあの親知らずの痛さを味わう。痛みで目が覚め、4時頃にバファリンを飲んで少し落ち着いたもののはれは治らない。昼メシをちゃんと食べたら楽になった。食生活はごっつい大事なことや。晩ご飯はヘイザーの家でチキンをご馳走になった。ヘイザーは30歳以上の子供を3人持ったおばさんで家にはフラットメイト1人と中国の大学生がホームステイしていた。食事はヘイザーと友人のピーター夫妻といっしょやった。のりさんに、「ワインかなんか持って行ったほうがいい」と言われていた。持ってきたワインで乾杯して食べた。みんな英語を丁寧に話してくれて、おれの子供や日本のことを聞いてきた。そして当地の家賃のことやこの国のいいところなどを話してくれる。「子供の写真はないの?」と言われ、来る前にたまたまプリクラで撮った小さい写真を見せた。話を聞くとみな生活は楽ではないようだ。うまいメシやった。突然、隣の家の人がやって来て、「私の家を見せてあげる」と言うので、家の中を見せてもらった。

23日。朝から『マイ・ゴール』の質問に答えていた。いつの間にか自分探しの旅になっていた。話は少し後戻りするが、ユウキは6月の1日から子供たちを保育園に行かせていた。そして6日からユウキも働いていた。日本で手のかかる2人の娘と両親と暮らしているユウキの心境はどうだったのかはわからないが、おそらく少しでもお金をプラスにしたいという気持ちと、一日中家にこもりっきりの娘達がかわいそうだと思ったのだろう。でもおれにとってはこの時に今までの行動がすべて否定された感じがした。最初からそれが出来るなら、こんなことはしていなかった。

両親からの説得もあったんかもしれんが保育料は2人で8万ほどするらしかった。ユウキはパートで働く事で保育費プラス収入がある計算だった。でもおれはパートで働いてもそんな金額は補えないと思っている。かといって送金する金もおれにはない。でもユウキを責めることもできん。電話で、「子供たちが毎日とても楽しそう」という話を聞くと、子供ちゅうのはどこでもやっていけるんや。やっていけんのはこのおれだけか……と憂鬱になった。保育園には行くわ、ユウキは働くわ、子供たちは楽しそうときたら、おれはいったい何しにここに来たんじゃ！　ユウキは金に関する考えがおれより甘いことはもうわかっている。保育園のお金は払わなあかんやろなあ〜。そしたら飛行機代も残らへん。こっちの収入は1週間で日本の2日分。出ていく金が日本の方が多いとなると……、う〜ん、不可能やな。精神的なストレスもかなり溜まっとる。かといってここまできたのに諦めるわけにはいかん。このまま帰っても後の悲惨な状況は目に見えとる。何かこの不透明なものがはっきりせんことには今までといっしょや。

こんな状況で、『マイ・ゴール』から、「答えは自分自身を知ることだ」と言われると、「そうかもしれん」と思う。この本の質問に答えるのはかなりの時間がかかりそう。けどちょっとしかしてないけど驚くこともあった。小さい頃に育った環境や経験はその時はなんとも思わないけど、今から振り返って見ると、自分のこんな時の考え方はこの頃に教えられたのかもしれんと思う。

例えば、こんな質問に対して、おれは次のように答えた。

——あなたが生まれた頃、どんな家に住んでいましたか？

庭には竜石さんが南から入って右（東側）に祭ってあり、その反対側（鬼門）のところにはトラクターなどが止めてあった。小さな地下室もあって隣に米の入っている小さな倉があった。家は鉄工所といっしょになっていて、一番西側は2・5メートルぐらいの幅で南北に通っている通路があり、おじいちゃんの造ったプレスが大きいのと小さいのと2つ置いてあった。周りはそれに関係するような鉄の塊がごろごろしていた。その隣（東側）は一軒家ぐらいの大きさの工場が南北に通っていて、チェーンで巻くホイストがあった。一番北側にはおじいちゃんの造った片腕のクレーンがあった。便所も風呂も外の庭側にあって、ぼっとん便所で、洗面所も外にあった。水は井戸水だった。その庭から工場の2階へ上がる階段があって、2階には洗濯機が2台あり、その裏側には大きな鉄の扉があった。その中には神棚の祭ってある部屋があり、太鼓やおじいちゃんの手品道具などが置いてあった。洗濯機の横にはさらに上に行く階段がありそこで洗濯物を干していた。そこから北側に2段ほど階段を上ると広い屋上があった。半分ぐらいは囲いの中で花などが置いてありその裏（一番北）側はお父さんの造った鉄アレイが4つほど置いてあり、タイヤが柱に縛られていた。

竜石さんの隣には小さな温室があり、サボテンが置いてあった。その隣には柿の木があり、家側には松の木があった。家の中は4畳半の部屋が正方形に集まっていて、1つは神さん、1つは仏さん、残りはリビングになっていた。その隣はひーじいちゃんとひーばあちゃんの部屋で、その隣が台所。階段はステンレスで造っていて、その上のおじいちゃんたちの部屋の南にお父さんたちの部屋があり、一番南は僕と弟の4畳半の部屋だった。

――あなたの記憶の中で父親に対して一番嫌なものはどういうものですか？

事あるごとに「そんな余裕があるなら金を返せ」と言われ続けたこと。

――生まれ育った故郷はどんな所でしたか？

（環境）

すぐそばに山がありその下には揖保川が流れていて、5分も車で走れば瀬戸内海に出ることができる。人口もまだ少ない村だったけど自然がいっぱいだった。車もまだ少なく、川を渡るともっと田舎だった。

（社会）

誰でも道で会うと挨拶をして他人の子供でも夜遅い時や悪いことをした時には叱り、洗濯物でも隣の人が留守であれば取り込んであげていた。

――故郷はあなたの人格形成にどのような影響を与えましたか？

たくさんの思い出を残してくれた。ロマンや好奇心をかきたてられた。外で遊ぶことが楽しかった。そんな気持ちを刻み込んで今がある。

――幼児期（保育園、幼稚園期）に最もショックを受けた出来事は何ですか？

転園した幼稚園で受け入れてもらえず、授業が始まっても1人で園庭にいたこと。おじいちゃんがおばあちゃんを蹴って泣かしたこと。

――それはあなたの人格形成にどのように影響していると思いますか？

人を傷つけたくないという、温厚な性格。みんなで仲良くしたいという気持ちが育った。

――小学校時代にはどんな遊びをよくしていましたか？

『ドラゴンボール』や『北斗の拳』ごっこ。鯉を獲りに行ったり、公園で野球やビー玉、メンコ、きん肉マンの消しゴム集めや、ビックリマンのシール集め、ケードロやエアガンの撃ち合いなどなど。

――小学生の頃、最も仲の良かった友達との思い出深い体験は何でしたか？

イカダを作って揖保川を下って海に出ようと設計図を書き、材料を集めたが途中で断念したこと。

――小学生の頃に体験した、最も大きな失敗とは何ですか？

学校でうんこをするのが恥ずかしくて我慢して帰ろうとしたら、正面玄関の前でおもいっきりもらしてしまい、もっと恥ずかしい思いをしたこと。

――その失敗からどんなことを学びましたか？

一時の恥じらいでしなかった行動が後に何倍にも何百倍にもなって返ってくる。それで後悔したくなかったら、今、どんな手を使ってもそれを実行すること。

いくつか抜粋して書いてみたけど、書きながら記憶をたどると、今から思えばおれのこういうとこはここの体験から影響を受けたんとちゃうかというのが何個もあった。この作業を終えるのに何日かかるのだろうか。続きはまた後でゆっくりやろう。でもあっという間の3週間。気が付くとあと1週間の滞在や。正直いろんな意味で不安もたくさんある。でもどちらに転んでも自分のことは知るべきや。

24日。今日スパゲッティを作った。かんづめの開け方も鍋の使い方もわからず、なんと料理ができない人間だろうと思う。出来上がりはまずいし、ビタミン剤もくそまずいし、ほんまなさけねー。

25日。ヘイザーに晩ご飯をもらった。コーンフレークしか食べてないのを心配して作ってくれたらしい。会社でみんなが「ベリーグッド、Job(仕事)」と言ってくれてもなんか安心できん。みな1カ月で終わると思っているような感じもする。

26日。パスタ第2段。今度は前よりおいしかった。会社では仕事のやりすぎが裏目にでた。今日納期の分があと少しで終わるので、やってしまおうと残っていたら、マーク氏がおれと時計を見ながら、首を横に振った。おれがキーストンの人間じゃないと知ってどう思ったかは知らないけど、最初に比べると彼の態度は冷たく感じられる。しかしわかっていても日本の感覚がなかなか抜けへん。あと20分ほどで終わるんやけどなあ〜。どんな評価をされとんか気になる。でもはっきりしてほしい。

27日。ヘイザーにまたご飯をもらった。本当にありがたい。ワーホリのビザでは同じ雇用主のもとでは3カ月までしか働けない。今一番恐れているのは、もう2カ月様子を見ると言われることだ。ここで白黒はっきりするなら余力はまだあるけど、もう2カ月先の判断になるとどうなるかわからん。

28日。仕事が終わる頃マーク氏がやってきて、「君の組み立ての作業は、あと1週間で終わる。その後、機械を使ってもらい、よければレターを書いてあげる」と言われた。何で急にと思ったけどこういうわけや。実は今の状況を頻繁に前の社長とメールをしていたら、社長や兄貴さんが日本キーストンのほうに頼んでくれて、なんと日本のキーストン社のほうから私を推薦する手紙やメールがマーク氏に届いていた。おそらく2人の協力がなければおれの契約はここで終了していたにちがいない。先がまだあった。明日はヘイザーに彼女の友達の牧場に連れて行ってもらう。

29日。ファームはよかったけど歩いて間近で牛を見ただけやった。昼ご飯もお呼ばれやったし夕食もヘイザーの家で食べた。疲れたけどヘイザーがいつもおれをかわいがってくれるのでありがたい。

30日。なんだかんだと言っても、やっぱりおれ1人の力なんてしれている。今回も裏で社長たちやキーストンの人に世話になって次のステップにいけたようなものだ。何の力もないこのおれに家族が乗っていると思うとつらくなってくる。

7月1日。ユウキからの悩みのメールが入っていた。前からちょくちょく入っていたけど、今回のはかなり精神的にまいっているようだった。2人の子供の面倒を見て、いろいろと親や姉に言われて、反抗できる立場でもなく、反論できるほど考えもまとまらず、今やっていることが本当に正しいのかどうかもわからなくなっている状況やった。そしていろんな問題の原点にあるのはお金やった。でも今回はおれも助け舟は持ってない。でもそれはチャンスやった。彼女に自分の甘い考えを知ってもらい強くなってもらうチャンスやった。口で言っても聞かないのは今回の件を通してよくわかった。彼女も体験や経験から学ぶ人間だ。おれはユウキに言った。

「もう背伸びはせえへん。今回はおれにもどうすることもできん。自分のことで精一杯なんや。こんなんじゃあかんのはわかっとるけど、今帰るわけにはいかんのや。今帰っても何も変わらん。お前には強くなってもらいたいんや。そっちの状況はわからんけど想像はつく。いろいろ言われて精神的にまいるのもわかる。お金に困るんやったら保育園止めさしたらええんとちゃうか。……でも、できひんのやろ。子供たちが楽しそうに行く姿を見たらそれができんのはうすうす感じとった。お前は目に見えるものは考えて判断できるけど目に見えないところまで考えるのはおれ以上に苦手や。そして今回を通してわかったけどお金に関してはおれもお前も甘い考えでおる。バイトを2つやるならそれでもええ。おれは自分探しの旅になっとるけど、これはほんまに重要なことなんや。休日に家族連れを見て申し訳ないと思うのも理解できる。でも絶対に間違ってない。子育てに環境や親の影響が大きいのはよくわかった。子供にとってもおれにとっても一番ええ時期を犠牲にしとんや。無駄にしたくない。あと次の1カ月で判断される。もうちょっとだけがんばってくれ」

メールを1時間以上かけて打ち返し、その後電話をした。まいった。偉そうに言うたけど、実はこのおれも同じような状態や。ただおれの方は待つ側じゃなく、攻める側やけど。いま日本はワールドカップで盛り上がっている。YHAでもみなサッカーを見て盛り上がっている。そんな中でただ1人机に座って『マイ・ゴール』の1問1答をやっているおれは変な奴に見えただろう。何人かの外人は「何をしているんだい？」と質問してきた。でも旅行で来ている連中にはおれのことは理解できないようだった。

そんな悩みも会社に行けば忘れてしまう。2カ月目になるとかなりの人と会話をするようになった。会社は4つの部門が固まっとるけど、キーストン部門は80人ぐらいおるんかな。なんせ働いてる人は、ニュージーランドを始めとして、中国、カナダ、オーストラリア、サモア、トンガ、フィジー、スリランカ、イギリス、ドイツ、カンボジア……、いろんな国の人間がおる。その中で日本人はおれが初めてらしい。しかも英語がしゃべれないのもおれだけときたもんだ。でもここで働いてすばらしいと思ったことが2つあった。1つは楽しく仕事をしていることだ。音楽を流したり、歌をうたったり、体を動かしたりと経営者側から見ればいけないことかもしれないけどあの雰囲気はとてもいい。日本にはない。もう1つはみな対等であるということだ。日本で中国人やバイトの人を雇い仕事をする場合、すでに上下関係があるがここでは16歳のバイトの子と30歳近い人が普通の会話をしている。20歳ぐらいの子と50歳ぐらいの人がじゃれあっている。そして言葉もほとんど話せず仕事もよくわかってないこのおれと対等に付き合ってくれる。上下関係はすでに給料と権限で決められている。だからそれ以外は対等である。これには驚いた。だから会社にいてもだれが偉い人かわからない。でも大きな家族という感じもする。まだ中身はよくわからんけど、これは親子が友達という海外特有の人間関係とも共通していてよくわかる気がした。

7月3日。今日はチャーリーの親友のザラが、「フラットに来るかい」と誘ってくれた。チャーリーが頼んでくれたようで、見に行ったらいいところだった。毎日5人部屋で寝ていると気を遣って疲れがとれない。朝も6時に起きるのでなおさらだ。

「1つ部屋が空いているけど、ここでいいならいつでも住んでいいよ」とザラは言ってくれた。ザラは金髪のカンボジア人で見た目は怖いけどやさしそうな人間だ。昨日の買物ではポンという会社のこれまたカンボジア人と会って少し話をしたけど、ほんとにみないい人たちである。

4日。ユウキからのメールに「大ゲンカをした」とあった。電話したけどかなり追い詰められている様子。でも助けてやることはできない。いろんな面でユウキにもたくましくなってほしい。

5日。オークランドの雄一郎君に会いにいく。途中パトカーに停められた。なんで停められたかわからず、警官がこちらにくるのでシートベルトをはずして窓を開けた。警官は、「なんでシートベルトしてないんだ」と言ってきた。「はあ？　Ｎｏ～お。Ｎｏｗ（今、ベルトをはずしたんだあ～）」とゼスチャーをすると警官はわかったらしく、「テールランプが消えている」と教えてくれた。外に出て見てみると片方がきれている。どんなリアクションしたらええんかわからんから、両手で頭抑えて、「オーマイガッ！」て言うといた。免許を見せて無事すんだけど運気は近づいたり、遠くなったりや。ユウキからのメールはなかった。毎日が怖い。

翌日は朝からマンションの火災報知器が鳴り、みなあわてて避難したけど、貴重品はまとめておかないと逃げる時手ぶらで外にでたらどこにも行けないし、何もできない。しかしオークランドは危ないところが多い。犯罪、特に盗難やレイプや空き巣など、やはり金がからむと余裕のない人はおかしくなるんやろか。

7日。今日からザラのフラットに泊まる。ＹＨＡに比べるとぜんぜん楽なところだけど、部屋は寒かった。いろんな人が出入りしているけどみないい人ばかりやと思う。夜はユウキに電話するのが怖かった。明日から機械を使うと言われていたけど、そんな気配は全くない。とにかく出勤は1時間早くなるので朝5時には起きて行こうと思うが、ある意味おれのことなどどーでもええと思うとんかわからんけど、はっきりされんのが一番困る。

8日。やっぱりまだ組み立てやった。スーパーバイザーのブラハムに聞いてみると、機械は木曜日からだと言われた。けどそれもどうなることやら。残業のしすぎだと言われるし。

9日。毎日買物しとるけど、ほんまにこっちは物価が高い。安いと思うのは野菜ぐらいや。マイナスにはいくらでも考えられるけど、ただでは帰らんぞ。『キャッシュフロー』のボードゲームは買って帰ろう、と本屋に行くと、8月まで待たないといけないらしい。とほほ。

10日。ザラはパソコン好き。その影響でおれも持ってきた自分のノートパソコンを毎日触っとるけど、ザラの友人のチャーリーの兄弟などもパソコン好きばっかりや。毎日インターネットゲームをやっている。でも見ていてもおもしろそうだ。しかし朝5時に起きるのはつらい。

11日。車のガソリンが減るのがとても早い。結局今日も組み立てやった。どうなるのか毎日不安だ。みな「いつ日本に帰るんだ」と聞いてくるし、どうもうまく話が伝わっていないようや。これで日本に帰った時にいったいおれに何ができるのだろうか？

12日。新しい冷蔵庫が来た。ついでにザラの女友達も来て1晩泊まる。こっちは今後のことで頭がいっぱい。しかしちょっとした時に自分を振り返ると、1冊の本が書けるのではないかと思うぐらいおれはいろんな経験をしているなと思った。

13日。雄一郎君も彼女ができて弾けているようだ。彼におれの今の状況を話した。するとおれがマーク氏に聞こうと思っていることを僕が英文にしてあげるといってくれた。助かった。夕方はザラの兄弟のチャンの家に行って、買物行って、ネットカフェにずっといた。付き合いと思って参加したけど若い連中の週末は町で飲んで踊るか、カフェでゲームかぐらいしか遊ぶところがない。そしてみなと別れてザラとフラットに帰ると別の友達がやって来た。男と女合わせて7人ぐらい。みな楽しんでいた。でもおれは寝ていた。隣でヤッていると思うと、「なんどいや！」と思うけど、みなブサイクなので許してあげられる。どうもおれはカンボジア人とは好みが違うようや。しかし気がつけばザラとチャーリーの兄弟などおれの周りにはカンボジア人の知り合いがほとんどや。しかし30歳をこえた2人の子持ちから小学生まで対等な言葉遣いにはほんとうに驚いてしまう。

先週と今週は金をたくさん使った。雄一郎君も女ができたし、今週はユウキからのメールもなかった。いよいよ1人になった気がした。先のことも不安や。でも見方を変えれば、今、おれは日本人のいない環境で仕事をして仲間を作って、英語を覚えて、料理を覚えて、お金をもらっている。すばらしい時を経験している。雄一郎君がマーク氏に渡す英文を送ってくれた。そして、

「この国は日本のように黙って一生懸命やっていれば人から認めてもらい望みをかなえてもらえる、と思っていちゃだめですよ。黙っていればそれで満足なんだと思われますよ。だから言いたい事は絶対に言わないといけませんよ。給料にしてもポジションにしても自己主張がとても大事なんです。僕もここに来てよくわかりました。主張すれば必ず何か答えてくれるはずです。そういう国です。がんばってください」とお礼の電話をした時に言われた。日本社会では下の者が上司や社長に向かって意見するのはあまり快く思われない。しかも入社して間もない人間ならなおさらだ。どちらにしても時間のないおれはここで動かないとおそらく状況は変わらないと思っていた。明日言うぞ。

15日。書いてもらった文をノートにまとめて朝の休憩時間にマーク氏に直接話しにいった。

「おはようございます。ミスターマーク」

「おはようヨシ。調子はどう?」

「グッドです。あ〜#$%&、〜/……」

「？？？」

英語で言おうと挑戦したけど発音がさっぱりなせいか全く通じなかった。時間もないので書いてきたノートを見せた。

「すみません。一度私の立場についてお伺いしたいのですが。あなたは私に、ビジネスビザを取得するためには、機械を使う必要があると言いました。しかし、私は今まで一度も機械を使うチャンスを与えられていません。私はもうすでに大体の機械の使い方を日本で学んでいます。もし、あなたがチャンスをくれるなら、私は絶対に機械を正しく操作する自信があります。だから、一度でも良いので、チャンスをください。私はどうしてもビジネスビザがほしいのです。私がビジネスビザを取得する方法は機械の操作以外にあるのでしょうか？　もし、私がビジネスビザをこの会社で取得するのが難しいのならば、早めに教えてください」

するとマーク氏は、「ええっと〜、ここに新しい契約書が……」としらじらしい態度をとっていたが、最後は機械加工のスーパーバイザーのジムに話をすると約束してくれた。やっと行動を起こしてくれた。しかしアクチュエーターが３００台ほど到着し現在チャーリーとおれでやっているその組み立ての仕事がこれからとても忙しくなるというので、今週は組み立てをやることになった。

16日。にもかかわらず、今日も残業のしすぎみたいなことを言われた。ほんまにわからん。マーク氏にチャンスを与えられたのは本当にありがたいけど、こんな感じでは50パーセントの力も出せんまま終わってしまう。ああ英語さえもっと勉強していれば……。親知らずは痛いし。でもこの経験はいつか役に立つだろう。

17日。今日の朝、仕事で品物の中に入れる取り扱い説明書のコピーをとりにいった時やった。日本でもコピー機なんかほとんど触ったことのないおれは案の定紙を詰まらせてしまった。説明は一度聞いたけど、詰まった時の説明は聞いていない。しかたがないので機械部門のスーパーバイザーのジムに言うとちょうど組み立て部門のスーパーバイザーのブラハムもいたので、2人であちこち開けて紙を取り出したが直らない。おれはスタートとストップしか押してない。結局メーカーを呼ぶことになってしまった。そのあとの休憩時間、彼らがなにやら話している。

ブラハムが、「今日の朝、コピー機を壊した。あんなビジュアルマシーン（目に見える機械）が使えないのに、彼が本式の組み立て機械が使えるようには思えないんだが……」と言うと、ジムが、「でも彼は5年間精密機械を触っていたらしいよ」と言った後で、みんなであっはっはと笑っていた。もちろん部分部分の単語しか聞き取れない。普通の会話やったんかもしれん。でもおれには皮肉にしか聞こえんかった。いつもわからないふりをしているけど、大体のことは理解しているつもりだ。なんでおれが機械を使うことに否定的なのやら。それ以外に道がないからしゃあないのに。おれは、「コピー機が使える人間がパソコンも使えるんか?」、「コピー機が使える人間はビデオやカメラが使えるんか?」と言いたかった。自分の思いを言葉にできんのはほんまに腹が立つ。後は実際にその時がきた時に見返してやろうと思った。

フラットに帰ると必死で機械専門用語を辞書から探した。しかし普段使わない言葉だけにあまり載っていない。原点、長補正、径補正、公差、演算、寸法……、数えきれんぐらい単語を覚えないといけない。でもその作業をやりながら、「おれは知らんうちにこんなにいろんな言葉を会社で学んどったんや」と思わされた。普段使い慣れた機械でも全て英語に変わるとわからんようになる。メーカーによっても使い方はぜんぜん違う。おそらく今回が一度きりのチャンスだろう。その時に悔いのないようにだけしたい。

18日。ザラと買物に出かけて友人の家にもいった。こっちはほんとうに家族づきあいが多いというのかとても気軽だ。久しぶりにネットをしたらユウキからのメールがあった。お互いに2カ月やけどとても長く感じているみたいだ。帰るとザラが料理を作ってくれていた。ありがたいし、尊敬する。しかしカンボジア料理はなんともいえない味やった。

19日。今日は金曜日、今週も結局組み立てだった。朝、組み立てチームが集められミーティングがあった。大きな問題があったらしい、どうも間違えて品物をお客さんに持って行ったらしく、お客さんのほうも急いでいたのもあり、怒ってアメリカのＴＹＣＯにクレームがあったとかどうたらこうたら……。まあたしかにあんなんじゃぁと思うところもあるけど、それもおれのせいになるんやろかな。今日はカレーを作ったけどもルーがぜんぜん足らん。

20日。朝8時30分からチャーリーと釣りに出かけた。7年ぶりの釣りは久しぶりに楽しかった。風が強くて寒かったし、言葉もほとんど通じないけど楽しかった。小さいのが3匹釣れた。チャーリーがほとんど面倒見てくれたので、おれはただ釣るだけやった。そうそう岩場で2人で釣りをしている時に野生のアザラシの子供が寝ていた。近づいても逃げる気配もないしチャーリーを見ても別に驚いてない。なんじゃ……こっちでは別にたいしたことないんかな、と思ったが、結局そのアザラシの隣で釣りをしていた。

21日。ついに『マイ・ゴール』の回答を書き終えた。カメラがあったら2ショットが撮れたのにな。

こちらは毎日くそ寒い朝を迎えている。来週は機械に触れられるだろうか。『マイ・ゴール』を読み終えても答えはでんかった。でも、もう少し時間がたてば見えてくる気がした。1問1答に書き込みながら自分が知ったことをもうすこし話しておこう。

ちも楽しそうにしていた。明日からプールがはじまるらしい。気温は35度で灼熱の毎日のようだ。久しぶりにユウキの声も聞いた。子供た

――中学時代に最も影響を受けた先生は誰で、具体的にどのような影響を受けましたか？

山下先生。仲が良かった友達とケンカした時に、その仲をとりもってくれ、みなで釣りに行ったことで親しみがわいた。「ちんげ」と僕のことを呼んだりしていたけど温かみがあり身近な人に感じることができた。

――一番苦手だった教科は何ですか？　なぜ苦手だったと思いますか？

英語。最初がよくわかっていないのに次々と進んでいったので全くわからなかった。それに英語なんか覚える必要もないと思っていた。

――両親はあなたの教育について、どのような姿勢でしたか？

たのむから高校だけは行ってくれと言っていた。

――中学生の頃、最も印象に残っている家族との思い出はなんですか？　それはあなたにどのような影響を与えましたか？

家族で富士山に登り、帰りに道を間違えて何時間も不安と恐怖の中、歩いて下山したこと。1日で山のすばらしさと恐ろしさを知った。

その日は、まれにみる快晴だった。夜から山に登り上で泊まって次の日の朝日を見て下山する予定が急遽変更になり朝10時から登り始めた。みな初めてでガイドブックは持っていた。その本によると頂上まで5時間ほどとなっていたらしい。軽装のまま登り始めたけど夕方5時になっても頂上に着かない。そして5時30分頃にガスが出てきた。両親は頂上まで行けたけど、私と弟は9合目半で断念した。ガスでもうすぐ先が見えなくなってきていた。下山し始めて7合目に来た時に別れ道があった。みなそこで立ち止まっていた。そこで間違うと違う場所に着いてしまう。ややこしい看板やったけど、すぐそばには小屋に住むスタッフのような人もいた。

分岐点で人に聞けばよかったのを、「わしの記憶ではこっちや」と父親が独断で動きだした。ある程度降りて間違いに気付いたけど、もう登る元気もない。ガスで前に見えるのは砂利ばかり、何時間降りても同じ景色。親父は杖で足を引きずりながら降りている。ようやくガスが晴れた時、目の前に人が見えた。ほっとしたのもつかの間、親父が、「今、向こうに人が見えた。あっちが俺たちの来た方の下山道かもしれん」と勝手に歩きだした。山は上で少し間違うと下まで来れば全く違う所になってしまう。自分たちの登ってきた道が見えるわけがない。案の定そこはさっき降りていた下山道の逆で登山道やった。そのうち辺りは暗くなってきた。雨も降ってきた。何人かの人にあったけど、もう誰も来ない。前が見えないので懐中電灯を点けた。2つあるうちの1つは電池が切れていた。残り1つで前を行く親父と後ろから黙ってついて来る母親と弟を交互に照らしていた。……道が2つあった。どちらも下山道に見える。でも片方は獣道だ。

真っ暗な山の中で雨が降り辺りにはもう自分たちだけしかいなかった。すると残りの懐中電灯が点いたり消えたりしだした。親父が1人で奥に入っていった。「おおい！　こっちや！」と大声で叫んだ。立て札があった。残り少ない電池だったが、薄気味悪い神社に到着。少し行くと明かりが見えた。助かった。何でもなめてかかるとえらい目にあうと思った。決断した時に最悪の場合も考えて見てそれを回避できる専門家がそばにいるなら、その人に聞いた方が賢明だと思った。何かをするにはそれなりの知識をもっていないと、いざという時に人に頼るしかできなくなる。

阪神大震災を見てから防災対策をするようになったことや、子供が生まれて医学の本を買って人工呼吸のやり方を覚えたり、インフルエンザを知って、うがいや手洗いを必要以上にさせるのは、「事が起こってからでは遅すぎる。普段から最悪のケースを考えてやるべきことはやっておかないといけない」と感じるからで、もし、それを怠ったがために何かがあったらおれはひどく後悔してしまうだろう。今から思うと、そんな性格はもしかするとこの時代に形成されたのかもしれない。

——受験勉強の思い出は何ですか？

勉強する意味がわからないまま、高校に入るために頭に入ったか入ってないかわからん勉強をしていた。もっぱら好きな音楽を聴いていた。

——高校時代に最も影響を受けた先生は誰ですか？ 具体的にどんな影響を受けましたか？

谷けいじ先生かな。1つだけ今でも覚えているのは、自分が何か質問した時に、「自分が本当に困っている時に、親友に助けてくれと頼んだ時、断られてもそれは親友に裏切られたのではない。彼はきっとお前のために精一杯の協力をし、自分にできる限りのことをしてくれるだろう。でも今回は何かの事情でお前を助けてやることができなかったんだ。だからそれは裏切られたと思ってはいけない」と言われたことやった。

——高校生の頃、最も夢中になったことは何ですか？ それからどんなことを学びましたか？

ラグビー。1人では何もできない。チームワークの大切さ。そして3年の最後の大会は1回戦で負けた。200何対0で……。その時に思った。本当に強い者は何も語らない。おれたちのような弱い者ほど口だけは達者やけど力がない。本当に強い人間は文句を言わなくても勝てるから、無駄口をたたかず、黙々と戦っていた。本当に強かった。

——好きな先輩はどんな人でしたか？ その先輩から何を学びましたか？

楽しくて、勇気を与えてくれ、やる気にさせてくれ、他人を責めない人。

自分のチームを見て、みなの目標が個々に違い、1つにするのが無理だとわかった時、その中で楽しくやる気になるようなことを見つけ、そしてよき思い出にするのもいいことである。自分が3年になった時、残っていたのはおれとキャプテンの2人だけやった。2人がやる気になっても残りの13人（もやしのような入りたての1年生まで入れてチームができるぎりぎりの人数やった）がどんな形であれ参加してくれなければチームはできんかった。チームができたことに感謝した。ラグビーができなければ強いも弱いも別問題だ。そんなチームに目指せる目標は知れている。だったら練習ばかりして嫌な思い出を残すよりも、少しでも価値のある、将来良かった思える別なことを残すのも立派なことだと思った。

――高校生の頃に体験した、最も大きな失敗は何ですか？

今から思えば、勉強をしなかったこと。

――その失敗からどんなことを学びましたか？

絶対に使うことなんかないだろうと思うようなことまで学ぶことにいったい何の意味があるのだろうと思っていたけど、もしも自分が教える立場になった時、それを学ぶことで具体的にこんなに可能性が広がって、もっと楽しい人生を送れんやと先回りして教えたい。

――最初に就職した職場を選んだ理由は何ですか？

先輩が自動販売機の点検や修理をやっていて、その仕事がとても楽だといっていたので、似たような会社に行こうと思って。

――当時は将来の展望をどう考えていましたか？

全く考えていなかった。

――入社後、仕事を辞めたいと思った時はどんな時ですか？

2年間同じ機械の点検や修理をしていた時に、自分にはこれしかわからない。もしここを辞めると自分には何も残らないと不安になった時。

――好きな上司は、どんな人で、その上司から何を学びましたか？

体育会系の人で、物事をはっきりさせて、後輩もかわいがってくれる人。

仕事をしようがしなかろうが給料は同じだった。でもその人は常に向上心を持っていて自分を高めようと日々いろいろと考えていた。

――好きな先輩は、どんな人で、その先輩から何を学びましたか？

話を聞いてくれ、僕をかわいがってくれ、心を開いてくれる人。

心を開いて話をされると、こっちが相手から信頼されているというのがわかり、ものすごくうれしかった。だから自分が心を開くということは少なくとも相手もそう感じているんだと思った。

そして正直で素直なことも大切だと思った。

――現在の仕事の内容は何ですか？

各種自動機の設計、製作、加工、組み立て。

――現在の仕事に満足していますか？

満足しているつもりだった。

――もし職場（ビジネス）を変えるなら、どのような職場（ビジネス）を希望しますか？

人の役に立つことや、大きなお金を動かしたり、たくさんの人を使ってみたり、世の中の人をアッといわせるような会社を創りたい。

――それはなぜですか？

自分が主役になりたいという気持ちが強く、親が毎日毎日必死で働いても生活は楽にはならなかったので、頭を使って人を動かして、自分がビジネスオーナーになりたい。しかも情熱を注げる仕事で、それは自分も喜ぶ、けど他の者もみな喜んでくれるような仕事、世界的な仕事で大きなお金を動かせるような誰にでもできないような仕事をしたい。中心人物ではありたいけど嫌われたくもない。

――仕事上で、あなたの目指す人は誰ですか？

さまざまな挑戦者たち。

――その人の何にひかれるのですか？

心の底から燃え上がる情熱。

――上司と激しくぶつかった経験はありますか？　またそれはどんなことですか？

売上をあげるためにはこういうふうにしないといけないという社長のやり方に、自分はこうしてほしいと言った時。

――それによって何を学びましたか？

他人を変えるより自分が変わるほうが簡単である。

——現在の仕事で、金銭以外に得られるものは何ですか？

家族の不仲と、日々のストレス、それに伴う愚痴や不健康。

——現在配偶者のどこが一番好きですか？

親やじいちゃん、ばあちゃんや子供を大切にしてくれるところ。

——これまでで、配偶者に対して最も感謝すべき出来事は何ですか？

自分を探すため、目標を見つけるためにじっくりと1人で考える時間をNZで僕にくれたこと。

——これまでで、配偶者に最も愛情を感じた出来事は何ですか？

今だから思い当たる。毎日毎日、ほんとうにうまい料理を作ってくれたこと。

——これまでで、配偶者に最も迷惑をかけた出来事は何ですか？

1人でNZで過ごしている時に、すべてを嫁にまかしたこと。

——それによって何を学びましたか？

人生で一番手に入れることが困難といえる者をおれはすでに手に入れていた。こんな妻でなければ今ここに来ることはできなかった。

——子供に似てもらいたくない、あなたの性格は何ですか？

人の好き嫌いが多いこと。

——子供との関係で最も充実した体験はどんな時でしたか？

仕事から帰ってきて夕食を食べた後、散歩すること。

——それによって何を学びましたか？

少しの時間しか接してやれないのに、楽しそうに帰るのを待っている子供の姿を見ると、もっとたくさんお互いに接することができればいいのにと思った。家族というものの大切さを思うと同時に仕事や社会に対して疑問をいだいた。

——現時点において、家族との思い出の中で一番記憶に残っている出来事は何ですか？

仕事が休みの日に買物に出かけたことぐらい。

——その時、どのようなことを感じましたか？

これが求めていたものなのだろうか？　と思うと同時にこのままだと、今の状態かそれ以下の状態にしかならない。貴重な時間をこんな過ごし方で後悔しないのか？

——その出来事を通じて、何を学びましたか？

自分の今使っている時間は自分１人だけのものじゃない。嫁や子供たちの時間も自分が使っているというのがわかった。そして自分しかその状態は変えることができないと思った。

——あなたが家族に負担をかけているのは、どのようなことですか？

収入も少なく、仕事でいつも遅く帰ってきて子供たちと遊んでやることもできず、世話は嫁にまかせっきりで、ろくな思い出を作ってあげていないこと。自分の目標が不透明なために家族を振りまわしている。

——それについて、どのような対策を考えていますか？

今、自分を知り、目標をはっきりさすために1人でじっくり考えている。今は海外で働いてそこに家族を呼んで暮らすという目標だけど、それがうまくいってもいかなくても、前進できる目標を知りたいと思っている。

その他「老後への質問」などまだまだ質問はたくさんあった。回答できなかったところもいくつかあった。最後の3つの質問の答えはまだ出せなかった。それでも自分の気付かなかったことが、この時はっきりとわかった。少なくともあんなに嫌だった父親の影響をおれはかなり受けているのがわかった。そして自分の性格の基礎もきっと過去の体験や経験からきていることもわかった。ゴールはまだ見えんかったけどかなり近づいた気持ちになった。

22日。今週、何も変化がなければ、来週あたりに帰る方向で考えようと思っていたら、会社の帰りにマーク氏が来て、「昼の2時30分から夜12時30分までの時間で働けるなら君は家族をこっちに呼べるがどうする？」と言われた。口頭では意味がわからないので書いてもらった。もちろん「YES」と言った。その後、機械を使っている者が1人クビになる。もしくは辞めるというようなことを言った。「えっ、おれが入るために1人クビにするっていうこととちゃうわな……言葉もろくにしゃべれんし、まだ機械も使えるかわからんのになんでやろか？」とおれは自問自答した。けどこれが実現する裏にはいろんな人の応援があった。日本キーストンを通して、前の社長たちゃ日本キーストンの人からの推薦のメールが2、3度届き、ヘイザーも休み時間におれのことをみなに話してくれているようだった。日を追うごとに仲間たちとも打ち解けあっていた。やけどそのことをおれに告げた時のマーク氏のあの表情、口調、目つきは忘れることはないだろう。まだ会社側からは正式に認めてもらってないというのがよ~くわかった。

25日。昨日ザラにジムに行かないかと誘われ、今日ジムに行った。チャーリーも来ていて久しぶりのトレーニング。かなり疲れた。ちょっとしかしてないのに。それにしても2人とも化け物みたいな奴や。やっぱり外国のジムは日本とケタがちがう。古いジムやけど3人でやると楽しいし新しい体験やった。

26日。やたらと孤独感を感じるのは気のせいだろうか。みな建て前は笑っているが、陰で何を言っているのやら。でもチャーリーやザラ、ヘイザーや組み立ての連中が相手をしてくれるのが本当にうれしい。この借りをいつか返してあげたい今日この頃や。

27日、体の上半身が筋肉痛でたまらん。でも筋肉が付いてくる。朝の3時までネットカフェでゲームをする。全員で7人ぐらいかな。年はばらばらで結婚して子持ちも何人かいる。日本なら「こんなことしとってえんやろか」と思うけど、ここではこれがコミュニケーションになるんやったらと考えると大事なことに思えてくる。

28日。シャムロンというザラの親戚の人に散髪してもらう。ジムに行き出してわかったことがあった。今まで間違ったトレーニングをしていた。ザラやチャーリーに教えられ「これならいける」と確信できた。筋力トレーニングを始めたおかげで、また昔のように強い人間を目指せるようになれればうれしいし、２人とも良きアドバイザーだから楽しくやれる。タケシさんがカンボジアのＮＧＯに、ちと文句を言っていた。

29日。朝、機械のスーパーバイザーのジミーが聞いてきた。

「どの機械が使いたいんだ？」

おお！　この日をどれだけ待ったことか！　おれの反撃が始まった。

「機械が新しいとか古いとかいうのは問題じゃないです。私が心配なのはただ機械の操作だけです。Ｇコード、Ｍコード、いろいろありますがみなメーカーによって違います」

「ああ、そのとおりだ」

「僕が今まで使っていたメーカーはこのオークマというところでした。だからこの３台は使うことができます。でも他の機械はわかりません。そしてコピー機も」

ジミーに苦笑いされたけどもこの日の昼から機械の方に移った。やけどスタートはＮＣ旋盤という見たことはあるが使うことはできない機械からやった。とりあえず今日と明日はここらしい。この機械は前の会社にあった。こんなんだったら無理にでも教えてもらっておけばよかった。スティーブという人にやることを説明された。幸いそれは初歩的なことで日本でもよくしていたことだから全て理解できた。しかしみな普通にしゃべるから聞き取りに苦労する。後はどこまでできれば認められるのやら。でもうれしいな。

その2日後の7月31日。朝からオークマのマシニングを触る。とりあえずセッティングを覚えるのが最初の仕事みたいやけど、わかるで、わかるで～。英語しかないけどプログラムも内容も全て理解できる。カッカッカッ……。この部門にいるザラの弟のチャンとマオリはとても楽しい連中で仕事をしていてもおもしろい。大事なことである。帰りに更衣室でマオリが誰かと話していた。

「ヨシはどうだい?」

「とってもいいよ」

ロッカーの向こうで話しているのが聞こえてきた。なんと! あれでえんかえ? 今日やったことといえば品物の取替え（脱着だけ）やった。言葉がわからんし会話もできんからただ黙々とやっとっただけやのに「奴はできる」やと? そんな日本人やったらみな「奴はできる」になるんとちゃうか。まあ「思っていたより」ということやろな、多分。まだまだこれからやで……。

8月1日。毎日自分にとってはいろんなことを覚えられるからいい。加工や治具など周りの人は気付いてないかもしれないが、とんでもないほどいろんな宝物が落ちている。全て盗んでやるからな。今にみておれい! でもやっぱりおれは物作りが好きなんやと思う。自分で「こんなのがあったらええのにな」と思った時にそれを作れたら怖いもんなしや。

翌日マーク氏が「ヨシはどうだ?」とマオリに尋ねていた。マーク氏は、「よくできる」と聞いて笑顔になっていた。そしておれの前に「ほらよ」と言う感じでバンと紙を置いた。そして、「イミグレーションも機械を使うことができるならＯＫというだろう」というようなことを言われ、さらに推薦レターをもらった。さらに、「ここに書いてある番号に電話して、用紙をもらって、それを書いて送って……」といろいろ言われた。けどさっぱりわからん。とにかく自分でしないといけないというのはわかった。まず最初はイミグレーションに電話をしてワークビザの申請用紙を送ってもらわないといけない。またこれが何を言うとるかぜんぜんわからん。とにかく住所とビザの種類を言って後は適当に返事していた。ザラの助けもありなんとかできたけど、かなり不安やった。

３日。雄一郎君が親父さんの命がもう長くないということで日本に一度帰るというので会いに行った。精神的にかなり落ち込んでいた。よほど大きな存在やったんだろう。

４日。チャーリーとザラとその彼女と４人でラグランのほうに釣りに行く。冬だというのに最高の天気で半袖でも暑いぐらいやった。崖に近い岩場で釣ったけど、これがまた今までにないぐらいでかい魚がどんどん釣れる。日本では考えられんことや。そこはかつて7人ほどが波にのまれて死んだような場所やったけども現地の人しか知らんような穴場やったと思う。でも、そんなに感動しなかったのは何でやろう。きっとまだ落ち着いてないからやと思う。でも楽しかった。今度はもっとでかいのを釣る。夜、日本に電話をすると、子供たちもユウキも楽しそうにしている。改めて思った。子供はどこでも育っていける、親を選ぶことはできないけども。その親が楽しくやれる所、仲良くやれるのはどんな環境か。結局このオレがやりたいことをやって、心豊かに生活を送るために行動がおこせる環境かもしれん。ここはそれにふさわしい場所だが、1週間で100ドルしか貯まらん。まいった。

5日。あちこち筋肉痛。しかし毎日炊きもんくべみたいに同じことばっかりするのでは残業する気にもならん。

6日。今日あたりイミグレーションから申請書が届いているかと思ったけどやはりまだやった。明日まで待ってみるけど、どうも来るような気配がしない。まあ大分それにも慣れてきたけども、やはり自分が動かないとあかんのか。

7日。大きい会社だとこれが当たり前かもしれないが、仕事が終わり、組み立てでチャーリーが忙しいので手伝おうかと話をして仕事をしていたら、グラハムに残業のしすぎと言われる。最初にスーパーバイザーに言わないといけないとザラに言われた。それもそうや。

翌日、電話番号から住所を調べて直接イミグレーションに用紙を取りに行った。たくさんの人、とくにコリアンや中国系の人が非常に多い。学生も多かった。用紙はもらったけど、わけがわからん。でも頼る人もいない、やったるで。

10日。ジムで鍛えてプロテインも購入した。いつもザラは自分で料理をしている。しかも脂肪がつかないように考えている。ファーストフードなどは嫌いじゃないが自分が怠けるのが嫌だという。おれもかなりザラに影響された。常に何かを作るようになった。2人で買物に行くと1時間は店の中にいる。まるで主婦や。やけど予算と献立とカロリーを計算しながら買物するのもおもしろい。

日本ではまだ未公開の映画をＤＶＤで何本も観たけど、メリハリのある生活が楽しい。アプリケーションのほうは書いてからマーク氏に相談しないといけない感じだ。会社側にもいろいろとやってもらうことや、書いてもらうことがあった。ユウキからのメールが週に1度も入ってないと、とてもこたえる。1週間がとても早い。

11日。ワークビザを取るのもかなり大変。永住権ともなるともっと大変。やけどここで諦めるか、とにかくやってみるかの差かな。今のおれには前に進むしかなく、とにかくやるしかないのが現実。考えたらあと1週間なんやけど、これがまた長く感じる。ユウキからのメールが入っていた。体力的にも精神的にも限界がきている感じだった。最後に、「浮気をする人はきっとこういう時にするんだろう」と書いてあった。これは一番こたえた。そんなユウキの状況を考えると早くしないといけないと気があせるばかり。でもこの国は待っとったらいつまでたっても前に進まないような気もするし、言葉がわかったら何の苦労もないのにと思う。

翌日、申請用紙を書く。1ページ訳すのにもかなりの時間がかかるけど、それは自分が勉強してないからしゃあない。今週中に書き終えたい。

13日。プロテインがうまい。ジムの雰囲気も好きや。みんなマッスルな人間を目指してがんばっとる連中だ。今日は疲れた。牛乳が足りん。

14日。ガソリンが高い。明日は車検にオークランドに行く。親子丼も結構食べられるようなのを作れるようになった。

15日。久しぶりにシンジさん達と話をしたけど本当にニュージーランド生活を楽しんでいる。自分の今の状況を話すと、「ああ！　良かったじゃない。そこまでいったんなら100パーセント大丈夫だよ。あとの問題は交渉したらなんとかなるよ。まだ安心できないけど、会社側がOKしてくれてその業種ならバッチリだよ」

おれも将来ああいう楽しい人になれればいいなと思う。オイルがなかった。

16日。今日の夜は、付き合いもあるけど一度は行ってみたかった夜の街に出て行った。朝の4時頃まで連れまわされたけど、はっきり言っておれには合わん。その時間がもったいなく思えるのはなぜだろう。酒を飲んで頭の中を真っ白にして踊るというのも楽しいんだろーけども、どーも気持ちが落ち着かん状況やから楽しめん。まー勉強になった。

17日。毎日毎日なんで金をこんなに使わないといけないのだろうか。パスポート写真がこんなにいらんというぐらい必要やし。明日中にはアプリケーションを書いてしまわなあかん。映画観ても全然英語は理解できん。

18日。申請用紙書くのに1日中かかった。それでもまだわからんとこがある。ここで初めてパソコンに翻訳のソフトがあることに気付く。とても役に立った。しかしまだ本当に会社がサポートしてくれるのか信用できない。みなが全員賛成ではなさそうな雰囲気やし、推薦レターと思っていたのはマークが会社の事務の人に宛てたレターやった。そこには「ヨシは機械の技術をみんなに教えることができ……」と、かなりいいことが書いてあった。ザラは、「お前はタフでラッキーボーイだ。おれも帽子をかぶった写真を持って日本に行ったら雇ってくれるだろうか?」と笑いながら励ましてくれた。

19日。昨日ザラからマーク氏たちは2週間ほど中国方面へ出張していて帰ってくるのは来週ぐらいだと聞いた。今日の朝にも話をしたかったのにまた待つしかできなくなった。仕事が終わり、3人でジムに行った時のことやった。いつものようにチャーリーはハードなトレーニングをしていた。が、突然肩を押さえてうめきだした。ポップがどうのこうのと言っている。どうやら関節がはずれたようだった。バランスを崩したらしいが驚いたのはその時持っていたのはバーだけやったことや。あんなに重い重量を持ち上げることができる人間がバーだけでそうなるとは……。

それからが大変やった。ジムでは対処できず救急車を呼んだ。ハミルトンにはでかい病院がある。そこに行くというので後ろからついて行った。病院に着くとザラは身内を迎えに行くと言って車で行ってしまう。チャーリーがどこに運ばれたかわからん。受付で聞くしかないが、救急車の単語がわからん。

「あ~　ファイブ　ミニッツ　アゴウ（5分前）、マイ　フレンド　カム　ヒア。ネイム　イズ　チャーリー（友達がここに来た。名前はチャーリーです）」

「アンビュランス?」と何度も聞かれたけど意味がわからんかったから「ノー　チャーリー」と

答えていた。でも何とか中に入ることができた。チャーリーのところに行くと、そばにいた看護師におれの名前と住所と電話番号を教えてくれといわれる。自分の住んでいるフラットやけど、1回紙に書いただけやから名前しかわからん。ベッドに寝てうめきながら酸素を吸っているがそのうち酸素切れ。新しい酸素に替える。そして誰もいなくなった……。

「Uwoo— Yoshi oxygen」(ヨシ! 酸素くれー)

おれは急いで酸素を渡す。30分が過ぎ、1時間経った頃、やっとザラが戻ってきた。酸素ボンベも3本目に突入。2時間、そして3、4時間……、たかが脱臼でいったい何時間かかるんじゃ。ついでに何本酸素を吸うたら気がすむんじゃ。これは後で笑い話になった。ここでおれとザラは帰ったけど結局翌日の2時に終わったらしい。病院に到着したのが夜7時頃やったから7時間近くいたことになる。5時を過ぎたらみな帰ってしまうので極端に時間がかかるようだ。しかし脱臼で英語の話せる現地の人でこれやったら、しかもこんなでかい病院で……。そう思うと「おれは今絶対に怪我したらあかん」と思う。

そして病院の中で待っている時に隣の部屋から幼い子供の泣き声が聞こえてきた。それを聞いた時に自分の子供と重なってしまった。多分、次女のそらぐらいの年齢やと思う。そしたら急に怖くなってきた。ここに来ても自分のことは何とかできるけど子供に何かあった時、はたしてその症状を伝えることが、また説明を理解することができるやろか……。実際に目の前でチャーリーを見て、そして病院の診察室までついていったおかげで身近に感じることができた。

ザラに話すと、「心配ない。おれたちがいるじゃないか」と言ってくれる。ありがたいけど、これは親の責任だと感じた。英語力が必要だ。

21日。買物をたくさんしてしまった。今日の夜はチャンの家で夕飯をごちそうになる。うまかった。しかしマークとジミーはまだ帰ってこない。胃が痛くなってくる。給料はぎりぎりやし、なんか糸が切れてしまいそうな日々を送っている。

22日。本当かどうかわからないがマーク氏たちは日本に行っているとか……。おれはどーなるのっていいたいが、帰ってこないものは仕方がないといえばそれまでだ。こっちは盗める技術を全て盗んでおいてやる。このジャパニーズはその辺の奴とはちーと違うぞ！。

23日金曜。パソコンでダウンロードした映画を観られるというのはすばらしい。

結局今週も幹部の出張でアプリケーションを渡すことができなかった。来ないのはしょーないし、力も抜けてくる。土、日はどうしよかな……。

24日。問題の壁はたくさんあるけど一番の壁は金かもしれん。もしこのままワークビザが出ても、自分だけしか働けないならやっていけない。もう1つ2つバイトをしないといけないだろう……。日本と変わらんな……。まあ環境は違うけども。でも今すぐに家族を呼んでも生活はできん。まず家や家財道具を揃えて学校や保険などいろいろすることがある。はやくても10月頃になりそうだ。いつも心の中では絶対無理やという言葉が出て来たり隠れたりしている。とにかく今の時給ではやっていけない。そのことはマーク氏と話をして、おれの評価が悪ければ諦めるしかない。

25日。一番の問題は金、一番気になるのはユウキがどう思っているかということや。結局一番の根本にあるのは彼女の喜ぶ顔が見てみたいということかもしれん。いや、やっぱり自分が日本ではやっていけないということ……、いや多分自分の生きたい道はここNZがスタートじゃない気が最近はしてきた。毎日時間はあるけども、毎日心が葛藤しとる。世の中に父親はくさるほどいるけど、どんな人なら立派な父親なんやろう？　家族を養える父親が立派な父親？　だったら金さえあればええんやし……。自分自身の修行でもあるな、このNZ生活は。ムダにできん。

26日。今日の朝、やっとマーク氏にアプリケーションフォームを渡すことができた。マークはそれを読んでいたが急に額を押さえて考えだした。電卓で何か計算していた。しばらく考えてからおれに、「資格や免許は何も持ってないのかい?」と聞く。

「はい」

「まあいい。まず君と同じレベルの人材を新聞などで一度求人をかけないといけないということはわかった。そして推薦レターなど会社がすることも大体わかった。ただここに書いてあるその人間を2年間雇う場合、その人に対して最低4万5千ドルかそれ以上の保証を会社がしないといけないというのだけは、悪いが受け容れられない」

そう言うとまたマーク氏は電卓をはじいた。そして再度考えてから首を振った。

「やはり、これだけの額は払えない。この条件についてイミグレーションに聞いてみるから待ってくれ」と言われた。

また待つんか。もしこの条件が通れば生活はできる。どっちにしても今のままでは無理や。多分保証額は結構高いんやろな。言葉がしゃべれたらなんの問題もなかったかもしれん。普通は紙の上だけ「はい」と書いて後は本人と話をするんやと思ったけど、きっちりした会社やからそれはないな。ということは、ここで働ける期間は3カ月やから、どっちにしてもあと1週間で終わりか……。

27日。今日はジムの後でランニングをした。久しぶりのランニングは楽しかった。でも多分ビザはおりないのにここにいていいのかと思う。ビザがおりないというよりも、今の状態でビザをもらってもおそらく帰らざるを得ない状況になってしまう。それとチャーリーのことがあって以来、複雑な心境や。チャーハンうまかった。

28日。もうこれ以上待つことができないのでYESかNOかはっきりしてもらおうと思った。あと1週間待ってダメだと言われるとその時間がもったいない。それにもし自分が逆の立場ならおれがどうしてもほしい人材ならもっと積極的になるし、返事に時間はかからない。おれの家族のことを思ってくれているのはわかる。日本キーストンからの推薦メールなど、いろいろとマーク氏を悩ますものがあるのかもしれない。とにかくダメでも後悔はしないから、ここで白黒つけようと決めた。そのことをユウキに報告しようとメールを入れたら、「楓華が高熱を出して3日間ほど寝ずの番です」と書いてあった。すぐに電話をかけた。マイコプラズマ肺炎というのに罹り、今はだいぶましになったけど、入院しないといけない状況だったと聞かされた。

「こりゃゲームオーバーや……」

おれは心のどこかで帰りたかったんかもしれん。自分の自信のない判断に後押しされた感じがした。ここで無理をして残ることは首をしめるだけや。

翌日、マーク氏にそのことを話した。肺炎、入院、娘。その3つの単語だけ書いてわけのわからん英語で説明した。最後に笑顔で、「ゲームオーバーです」と言うと、「フッ……。ゲームオーバーか……」と笑っていた。温かみのある笑いだった。そして、「どうする？　また戻ってくるか？」と聞いてきた。

「いいえ。もうお金と時間を使い果たしました。もし今度来る時は言葉もしゃべれて技術もアップして戻ってきます」と返事した。

そして、すぐに手続きをしてもらい、最後にいろいろ土産をもらった。

「どうする。みんな集めようか？」

「いえいえ。いいですよ」

「なんでだ？」と笑いながら肩をたたかれた。

おれはその後の休憩時間、1人1人に挨拶をしてまわった。気が付けばほとんどの人とおれは会話をしていた。みな突然の別れに驚いていたけど、最後は言葉がわからなかったおかげで、おれのことを快く思っていない人にも握手して、「ありがとう」と言うことができた。みな親切な人だった。

「つまらない職業はない。つまらない人々がいるだけだ」

それはここにきてから読んだ本に書いてあったおれが心打たれた言葉やった。初めてこのハミルトンという町に来た時、なんと田舎でつまらない町かと思った。でもそこでいろんな人に親切にしてもらい友人ができ、遊んだりジムに行ったり、会社では差別もされず対等どころか友人のようにみな声をかけてきてくれた。同じことばかりする仕事でもとても楽しかった。

そして気が付けばそんな連中が住んでいるこの町が好きになっていた。結局、自分の探していた答えというのは自分の中にあることにやっと気付いた。海の向こうに答えがあるわけじゃなかった。田舎でも都会でも日本でもそれ以外の国でも、どんなところでも自分を認めてくれる、必要としてくれる、友人と思ってくれる人がいるとそこを好きになることができる。おれはニュージーランドが良かったんじゃなく、この会社の連中が良かったんだということがよくわかった。そしてそう思うことができるのもチャーリーとザラがいたからこそだ。見えなかったものが見えてきた。

帰りのチケットは2日後の土曜日のが取れた。休んでいるチャーリーに会いに行った。そして観光もしていないおれをザラとチャーリーがロトルアという観光地に連れて行ってくれた。夜で何も見えなかったけど途中何もないようなところで写真を撮ったり、2人がひたすら歌を歌っていたり……。楽しかった。

30日。朝いちでオークランドに行き雄一郎君に会う。その後、シンジさんに会いにいった。昨日の夜に事情は説明していた。突然の出来事にシンジさんは残念がっていた。何とかならないかと考えて、最後は知り合いの弁護士に頼んであげようかとまで言ってくれた。そこまで親身になってくれているのに、おれの心は日本に帰る気持ちの方が強かった。

ここに来ていろんな日本人に会った。海外にあこがれて移住しようと渡航してくる人、「現実はそんなに甘くないよ」と否定的に見る人、シンジさんのように心からニュージーランド生活を楽しんでいる人、それは結局出会う人による。つまらない人に出会うと楽しくもなくなる。でも楽しい人といると、それだけで元気がでてくる。そしてシンジさんの場合は自分のやりたいことを自分のやりたい国でやっている。それや！ やっぱり自分のやりたいことをやりたい国でする。それができるのが一番楽しい。好きな国でもやりたくない仕事はあかん。好きな仕事やけどもつまらない会社、国もあかん。いくら環境が良くても心の環境が悪かったらどこにおってもいっしょや。答えは自分自身の中というのは、おれはやっぱり自分の好きなようにやりたいということや。そう、他人のゲームをやらされるんじゃなく、自分のゲームをしてみたい。おそらくワークビザがもらえても、後々不満をこぼしているだろう。とにかく力不足やった。日本に帰ってもう一度力を貯める、ほんで次に来る時は会社を起こす。そういう気持ちやった。シンジさんに車を返すことになったけど、突然だし月末でお金がないということだった。ほんとうは母親の分のお金だけでもと思っていたけどもそれは言わなかった。

「次に来た時にその分安くするってことでいいかな？」

「ありがとうございます」

この旅で知り合った人、特に女性に車の話をしてもなかなか納得してもらえなかった。なんで所持金が少ないのに安い車を買わないのか、車を返して1円も戻ってこないのにそれでいいのか……。たしかにそうかもしれん。でもおれが育った今までの環境からか、自分の信じた人との間でお金のことでぐだぐだ言いたくない。それにおれは車に何千ドルもつぎ込んだかもしれん。でもそれ以上のものを手に入れたと思っていた。それは人脈かもしれない。考え方かもしれない。とにかくそのお金以上の価値あるものを手に入れたと思っていたので、それはそれでよかった。

シンジさんはおれを町まで送りながら自分の生い立ちやなぜここに来たか、そこからどうやって今に至ったかなど話してくれた。そして最後に、「やっぱりいろんな考えの人がいるよ。ニュージーランドが楽しい人、日本に帰りたがっている人。楽しくないと言っている人達とは絶対に考えが交わらない。仕方ないよな。でも不思議なことにできる友人は同じ考えの人ばかりなんだ。否定的な人はどこかで拒否してるんだろうな。でもそういう連中も固まるんだよな。似たような人しか集まらないんだろうな。日本に帰ったら反対勢力に負けないでくれよ。誰もやったことがないようなことをしようとすると身内や友人はたいてい足を引っ張ろうとする。それに負けないでほしい。それだけが心配だ。3年後でも5年後でもいいからがんばってくれ。待ってるよ！」

と言った。

この日の夕食は雄一郎君の接待のようなものでたらふく食べさせてもらった。助けてもらうだけで何もしてないのに……。父親の最期を看取って帰ってきた彼はひとまわり大きく感じられた。21歳にして自分の夢を持っている彼は一生懸命やった。雄一郎君は、「体だけは大事にしてください。僕の父は仕事ばかりしてました。休みもなくとにかく仕事ばかりして、体を壊して結局死んでしまいました。後に残された息子の気持ちも考えてほしかったです」と言った。

31日。朝、雄一郎君に空港まで送ってもらう。2時間かけてハミルトンからザラとチャーリーが時間ギリギリに見送りにきてくれた。うれしかった。言葉はわからんでも下ネタと、体を鍛えることは共通していた。次に来るのは3年後か5年後か全くわからない。でも、「またすぐに会おう」とお互いにハグをして日本に帰国した。

ユウキのいる家に着いたのは夜の8時頃やった。楓華は真っ白い顔をしていて病人という感じだった。そらはだいぶ大きくなっていて、もう、ひとりで歩いていた。2人とも思っていたよりまだ小さかったけど、かわいかった。久しぶりに会うのもあるけど、「お父さん」と言って恥ずかしそうに寄って来ると、「悪かったなあ……」となんともいえない気分になった。ユウキはこの数カ月でとてもふけたように思えた。

すでにここ東京では新しい美容室を出すことでユウキも含めて家族一丸となっている様子だった。もしユウキがここで店を出していっしょにやっていきたいと言えば、おそらくそうしたと思う。自分の心の中では撤退してきた以上、一度は姫路に戻ろうと思っていた。もう一度会社に頭を下げて、それで旅の終了や。その後はどうなっても別によかった。ただ今まで全てを任せてきたので何も言うことができんかった。ありがたいことに、ここにきてもユウキはおれの考えについていくと言ってくれた。おれは今の状況では東京でやっていけない、姫路に帰ろうと思っていると話した。そのすぐ後に社長から、「戻ってきてほしい」とメールがあった。

ちょうどその時、ユウキのお父さんがボランティアでタイに行くことを知った。おれは飛びついた。どうしてもボランティアというのを一度見てみたかった。今回は調査が主な目的だったらしいけど無理を言っていっしょに行くことにした。子供たちの保育料もまだ返していないがこのタイ行は母親のお金を使わせてもらった。

次のチャンスはいつかわからない。行ける時は今しかなかった。ＮＧＯとしてタイにもう20年以上上ボランティア活動をしているユウキの両親を見て、何が彼らをそこまでさせるのか知りたかった。約1週間、お父さんとおれの2人だけやったけど、カバンに全国から送られてきた物の中の持てるだけ（今回は古着）を持ってタイに向かった。行く前にお母さんから、「ボランティアはね、与えるだけと思うかもしれないけど、たくさんのものをもらうの。わからないかもしれないけど、物ではないたくさんのものをもらってくるの」と言われたが、この言葉の意味がわからんかった。とにかく子供のことを妻に頼んでまた飛び出した。行く前のおれの考えは日本にも困っている人はごっついおるのに何で海外なんや。ボランティアゆうても結局は自己満足とちゃうか。相手が喜ぶ姿を見て、自分も喜ぶ。でもそれがほんまに相手のためになっとんやろか……、とまあそんなとこやった。でも、とにかく一度実際に見て体験してみよう。

第6の冒険の書「タイ・ボランティア編」

9月4日。1日の夜に日本に帰ってきて3日後はここタイのチェンマイにいた。ビンさんという現地に住んでいる日本人が案内をしてくれた。お父さんたちはタイの山奥に住む山岳民族たちのために学校や病院や寮などを建てているようだった。この日は「タイすき」を食べた。嫌いな魚介類が多い。エビもある。からい……。

翌日は飛行機でメイホンソンに行く。そこから車に揺られて数時間。山奥や。そこには何年か前に建てた校舎があった。今回の旅の目的はその学校の運動場建設についての相談やった。自分たちだけのお金で建てるのではないので細かいところまで学校の先生たちと話していた。予算はこれだけしかないので、この斜面を利用して、ここまでは私たちがやるので、後は現地の先生がやってください……トイレと校長室は予算に入っていません……などと打ち合わせをしているようだった。その後昼食を食べて帰ってきた。ナイトバザールを見た。

6日。チェンダオというところに行き、途中何年か前に学校の寮を建てた場所をのぞいてみた。そこは前に来た時よりも生徒がたくさん増えて寮生も増えたので校舎を増築中という話だった。その後、今日の目的地、ミャンマーとの国境付近の山奥の学校に向かった。「こんな山奥に人なんかおるんかい」と吐き気を我慢しながら車に揺られて数時間、山の頂上に村があった。思っていたより大きな学校だった。たくさんの子供たちがものめずらしそうにこっちを見ている。みなボロボロの服で裸足だった。そばで3人で校長先生と話をしているのを聞きながら、「は〜ん、なるほどね。子供たちのために寮や校舎を建てると言ってもいろんな問題があるわけや。さっき行った学校は、もともと地元の人たちのための公立学校やったけど、豊かになるにつれてみな都会のいい学校に移っていく。すると生徒が減っていくので他の地域からも受け入れる。学費が安いから山岳民族たちがそこに子供を預ける。その親戚たちがどんどん越境してくる。そして両親は麻薬を売っている……、そういうことか」と思った。

それから外に出て歩きながらこの学校を見せてもらった。そこでは遠くからやってくる山岳民族の子供たちがみなここで自給自足の生活を送っている。ヒヨコ、稲、ウナギ、ニワトリ、玉子、アヒル、キノコ、ブタ、野菜など、生きるために必要なものはすべて揃っていた。他のボランティア団体からも洗剤類や布団や毛布などが寄付されていた。寮は女の子はコンクリートでできた四角い建物。男の子は竹でできた小屋やった。

この日は金曜日でみな家に歩いて帰るらしい。帰る道のりは12キロ。考えられん。子供たちはみな元気で楽しく遊んでいるけど、カメラで状況を撮っているおれがものすごく浮いてしまう。気軽に話すこともできん。電気もガスもない。テレビで見る世界がここにはあった。そして最後にお父さんが持ってきたカバンの中から古着を出して渡した。その時の子供たちの喜ぶ顔はテレビでは伝わらんもんやった。「なんでなんやろ。日本の小学校にこんなん持っていっても……、いや、まずそんなことする気もおこらんな。なんでそんなに喜んでくれるんかな。こんなんやったらもっと持ってきたらよかったな。1歳の娘はおもちゃの携帯電話で遊んどる。日本は豊かな国やというのがほんまにようわかる。別にボランティアじゃなくて構わん。今度来た時は1人でもなんか持って来よう」とただそう思った。

初めて来たタイでボランティアというのを体験したけど、ボランティアという言葉でまとめられとるだけで中身は各団体、グループ、みないろんな考えややり方があった。おれはそれとは別に個人的に知りたいことがあった。その日の夜、自分が思っていたことをビンさんに聞いてみた。

「子供たちに勉強をしてもらっても、親が麻薬を売買していたら、子供もその影響を受けるんじゃないですか？　それとたとえここで勉強して卒業してもそれを生かすことができるんですか？」

ビンさんは何時間もこの北タイの山岳民族について教えてくれた。麻薬王クンサーから始まりスーチーさん、麻薬と山岳民族との関係や政府の行ったプロジェクト……。そして自分の生い立ちも教えてくれた。おれも自分の今までのことを話した。話のなかで、「正直、ここで小学卒ではまだまだ。中学卒でウエイトレスレベルだと思います。都会に行けるのもほんの少しで、ほとんどは家の後継ぎになってしまう。山岳民族への差別もあるんです。でも今、次代のリーダーを育てようとしている団体もあります。良きリーダーを育ててその人に民族を引っ張っていってもらうように。じゃないとみな麻薬に手を出して何も変わらない。ヨシさんはどう思いますか？」

「僕は初めてやから難しいことまではわかりません。ただ僕は将来チャンスを与えられるようになりたいです。ニュージーランドで3カ月間のチャンスを与えられた僕はそれを生かすことはできませんでしたけど、得たものはありました。ここにいる人は将来一度もチャンスに巡り合わないかもしれません。もし望んでいるならそういうキッカケを与える力があればと思います」としかおれには答えられなかった。

翌日、ビンさんに山岳民族の村に連れて行ってもらった。途中道に大木が転がっていてみなで撤去していたけどそこにいるおれはタイ人にしか見えんかった。この国に来てからこの国の人にいつもタイ語で話しかけられる。しかしこっちは、「ありがとう」しか言葉は知らん。着いたのはリス族の村やった。山の斜面を利用して、これで大丈夫か～、というような家というより小屋がある。たまたま昼どきでメシを食わせてくれた。そこにはガスが置いてあった。めちゃくちゃ不釣合いやった。なんでこんなとこでガスが……。コンロやと思うけども。

きつい酒を出されて丸いカントークかなんかいうテーブルで食べた。これが結構うまい。辛くはなかった。食べ終わると帰る前にメシを作ってくれた少女にビンさんたちが、「何か作った物はあるかい」と尋ねて、手作りの腕輪（ミサンガ?）を3つ買ったということにして100バーツを渡していた。彼女は驚いていた。そんなつもりで料理をしたんじゃないのに、という顔やった。でもうれしそうやった。それを見た周りの人が妹に何か言っていた。しばらくすると妹が商品を持ってきた。これは買わなかった。悲しそうな顔をしていた。この一連の状況を見ていたおれは、内心「う～ん」と唸った。そう、おれのなかでは食事に対して心から感謝するだけで充分やと思っていた。なにか上げたりするとこの人たちに変な勘違いを与えるんじゃないんやろかと心配していた。それはビンさんたちも敏感に感じていたようで適度な額のお金にしたようだった。

でも国が違えば考えも違う。この人たちにとってはお金がとても大事なのは今まで見てきてよくわかる。採れた野菜を安い値段で現地の人に売っても少しも足しにならない。この国は食材はとても豊かで困ることはないらしい。結局、みな豊かな生活に憧れを抱いているようだった。手作りの物を作って観光客に売るか、体を売るか。でも体を売っても山岳民族ということでいろいろあるらしい。昨日の学校にしてもごちそうしてくれた彼女たちも言葉は違うけど同じ人間や。顔も腕も足も同じ、家族の大切さや生きていくために必要な知識、善悪の判断、全てこのおれとたいして変わらない。ただ1つだけ違うところ……、それは日本で生まれたかそうでないか。別にここで生まれるのが悪いということじゃない。ただ日本で生まれた時点ですでにかなりの選択肢を持っていることがよくわかった。

この人たちはこの生活から抜け出すことに一生を費やすかもしれない。都会に行くことが生涯の夢かもしれん。当たり前のように物を買ってもらい、勉強が嫌だとゲームをして、先生がどうの教育がどうのと日本では言っている。ここでは勉強するために12キロの道のりを歩いてくる。おれはここに住めない。観光客で来た白人が写真を何枚も撮っていく。おれは写真なぞ撮る気にもならんかった。別にここの人たちにどうこうは思わない。日々の暮らしの中でどうしても愚痴やら文句が出てくる。社会に対してや、会社や家族などそれはさまざまや。でもどこと比べるかで考えも変わる。もしこの地で育って、あるいは戦争の絶えない国や貧しい国に生まれていたら日本は天国になる。そう思うと日本という国を創りあげてきた先祖の人たちに頭が下がる。またいつか来た時にはこの国の人たちがどんな夢を見ているのか知りたいものだ。貧富の差の激しい国を少し体験したことで、おれはかなり有益なものを得た。その後は一般的な観光をした。お父さんはおれのためにナイトバザール、マッサージ、寺院やタイの雑貨屋さんなどに連れて行ってくれいろいろと気を遣ってくれた。おれはニュージーランドから帰った時笑顔で、「無事帰ってきてよかったよ」とだけ言ってくれたお父さんのあの顔をよく覚えている。責任をもって子供たちとユウキを預かってくれたというのがよくわかった。わがままなおれはその後すぐにタイに行きたいと言った。いろいろと言いたいこともあったと思うけれどそれについてお父さんは何も触れることはなかった。その数日後におれはお父さんと帰国した。

おれはニュージーランドの旅行中、ずっと帰ってからどうするかを考えていたが、今のおれでは東京ではやっていけないとわかった。東京でなんかやっても長続きせんやろう。日本に帰ると案の定その翌日ユウキのお母さん、お姉さんから話があると言われた。すぐにピンときた。話の内容は子供たちの保育料や日々の生活費にだいたいこれぐらいかかっているということだった。ユウキの態度からは感謝の気持ちが感じられないし言ってもわからない、そんな子供と妻を預けて海外に行ってきたあなたは、普通ならタイに行く前にお金を返そうとするのが筋じゃないか、という内容だった。生活費はともかく保育料だけは払いなさい。将来娘たちを保育園にやったのは親の金だと胸を張って言えるように……。というのが話の趣旨だった。ニュージーランドに行っている間のお金のやりとりはよくわからんかった。でもだいたい想像はついた。ユウキに尋ねると残りのお金は40万しかないことがわかった。姫路に帰ってからの生活費を残してあるという。お母さんたちから聞いた金額は40万前後やった。ここでおれの母親からもらったお金を使う気は全くなかったが、それよりも、もつれた話を終わらせたい気持ちのほうが強かった。最後の貯金はここでなくなった。

保育園が9月いっぱいまであるので先におれだけ姫路に帰ることになった。たまたまユウキの親戚連中がみな集まったので前の日はみなで夕食を食べた。お父さん、お母さん、お姉さん、みなおれのためを思っていろいろ言ってきてくれたけど、ほとんど覚えてない。なんでやろ？ いや、覚えてないんじゃない。きっと思い出したくないんや。お姉さんが、「私は嫌われたくないよ。でも言わないといけないことだから嫌われたって仕方がない」と言って切り出した話は当たり前のことやけどおれにはキツイことやった。「父親としてもっとしっかりしなさいよ」と言われている感じやった。お姉さんもお母さんもほんまはもっともっと言いたいことがあったと思う。後でわかったことやけど、おれがユウキの一番心細い時に、「もっと強くなれ！」と突き放したことはとてもショックだったらしい。ユウキは子供の前では普通にしているものの、いなくなると涙が止まらなくなってお母さんが懸命に慰めたらしい。自分の娘のそんな姿をみたら黙っておれんのもよく理解できる。その時お母さんが1つ1つ言葉を選びながら話をしたのをおれはよく覚えている。

そんな一連のやりとりを小学2年になるお姉さんの長女が見ていた。彼女はいったいあの時に何を感じたんやろか。大きくなった時に話をするのが楽しみだ。自分自身も精神的にはかなりまいっていた。ただ最後に義理の兄が言ってくれた、「何事も経験だから。がんばって!」の一言がどれほどうれしかったことか。笑顔で言ってくれた兄は唯一おれがやってきたことを否定しなかった。

その翌日、おれは姫路に帰った。親はなんで帰ってきたのという顔をしていた。そのまま東京で暮らすと思っていたらしい。「なんでニュージーランドから帰ってきたんや」と親父が尋ねたので理由を話すと、「あっちがあんまりええことなかったんやろ」と言った。見事に急所をつかれた感じがした。でもうれしくはない。

「そうかもしれん」

「で、どないするんや?」

「前の会社に行く」

「……お前は視野が狭い……」

その言葉をきいた瞬間、「あかん。ここにはいたくない」という気持ちが湧き上がった。もう親父としゃべる気はなかった。残ったお金は母親にもらったお金が7万円。保険も車も職もない状態。今必要なのは説教とちゃう。もしここでおれを助けてくれたのがオウムやったら、おれは信者になったかもしれん。

それからおれは挨拶しに会社に行った。ここでは帰ってきたことに対して、何も言われんかった。ただみなが温かく迎えてくれた。心の底でどう思っとるかはわからん。でも現実が全てや。社長は、「いつからでも来いや」と言ってくれた。「1カ月分の給料を先に払おうか」とも言ってくれた。ユウキと子供達が戻ってくるまでに迎え入れる準備をしてくれた。まわりの会社の人たちも温かく「お帰り」と言ってくれる人たちばかりやった。

居場所があるのはうれしいことやった。給料も上がり、社長は少し変わっていた。でもおれも大きく変わっていた。仕事は相変わらず夜遅くまでで、状況はほとんど変わっていなかった。でもそれでよかった。「今度は自分自身から逃げる行動はとりたあない」とそう決心していた。

でもその前にどうしてもやっておきたいことがあった。それはこの旅の中身をお前たちに伝えることや。最初は誕生日やからという単純なスタートやった。やけど途中で変化した。2、3カ月と生活するうちにユウキがおれに対する見方なのか自分の考え方なのかはわからんけども、前となんか違って思えた。どこかで一線を引かれている感じがした。そして日を追うごとにそれは確信に変わっていった。ケンカをすることも多くなった。「あなたがいなくても私1人でも子供を育てて見せる」、表には出さないけども、そう主張している感じがした。

おれは一生懸命やってきたつもりやった。でも好き勝手にやらしてもらったのも事実やからユウキに何にも言うことはできんかった。もしここでユウキに愛想をつかされたら、おれには何にも残らん。それを強く感じた時にせめてお前たちにだけは知っておいてほしいという気持ちが湧き上がった。お前たちが大きくなるにつれておそらくおれは煙たがれるやろう。おれはおれの経験を、「ただ外国に行ってきました。帰ってきました」で終わらせたくなかった。そして毎日夜中に少しずつ書き始めていた……。

さあ、そろそろ最後のまとめにはいっていこか。

このへんから中島みゆきの『ヘッドライト・テールライト』か『感動ミュージック』を流しとこか。この物語を通してお父さんは物心ついた頃からの体験や経験をいろいろお前たちに話してきた。うれしかったこと、悲しかったこと、つらかったこと、恥ずかしかったこと……、思い返せばたくさん出てくる。そしてお父さんは自分の経験からしかお前たちを育てることができない。他の人の経験や話を代弁しても、おそらくその言葉に重みがないことに気付くと思う。お父さんの親もいろいろと話してくれた。でもそれはほんの一部分やった。なんでそういう考えに至ったかというのがわからんかった。お父さんは別に大した人物とちゃう。ついでに言うなら恥ずかしいことや情けないこともいっぱい経験した。そしてそれは今現在もそうかもしれん。でもそれも大したことやない。明日は今日とは違う自分がおる。

お父さんは将来、お前たちに金も財産も残せへんかもしれん。思い出もろくに作ってあげることもできんかもしれん。でも唯一残せるものがある。それは自分の経験や。ただ知っておくだけでもええ、少しでもお前たちの人生に役立ってもらえたらそれで本望や。「生活の豊かさより心の豊かさ」というのはこのことやった。いろいろ悩んでやってきたことは今では金を積んでも経験できんことやった。

もしたくさんの金を持っていたら今の自分は存在していないやろな。振り返れば面白いことばっかりや。ニュージーランドで常にお母さんに強くなって欲しいと願っていた。でもそれは間違いやった。自分に自信がないので他人に無理やり押し付けていた。今のお母さんの考えや性格も育ってきた環境でそうなった。あとは本人が何かのキッカケで変わろうとするのを見守るしかない。その手助けをしてあげるだけや。帰ってきてから前よりケンカも多くなった。でも、もめる原因は金ではなかった。どこの夫婦でも価値観や考えは絶対に違うはずや、全く同じように育たんかぎり。されて嫌なことは相手にもしないのは当たり前や。でも相手は何とも思ってないことでも、こちらは絶対にしてほしくないことや、やってもらいたいこともある。お互いにどこまで歩みよれるかがポイントやな。

まあそれはええとして、お前たちがどんな生き方をしようがそれは自由や。ＯＬになろうが弁護士になろうが風俗嬢になろうが……。どんな商売でもそれを必要とする人間がおるから成り立つんや。金融屋も風俗もそうや。逆に言えば嫌な仕事もみじめな仕事も誰かがやらなあかん。それで成り立つ世の中や。不平等やぞ。

世の中には、「夢を捨てないで！」「男は顔じゃない、心だ」「決断力のある者は富を得る」などなどたくさんの力強い言葉があふれている。もしおれが、ニュージーランドで働いていたら「とにかく行けば何とかなる」と言うたかもしれん。成功者の言うことはいかにもそれらしく聞こえる。でもその裏も必ずあることを忘れたらあかん。

お父さんは人にはものすごく恵まれていた。やけどその逆の人もいっぱいおる。そんな人は幸せな家庭を見るとぶち壊したくなるやろう。何も悪いことなどしてないのに突然不幸が襲ったり、自分だけどうしてと思う時もあるやろう。でもそれは仕方がない。やけど、それで終わらしたらあかん。何かを得るまで、成功したと思えるまで必死で闘え。最後に笑えれば全てがよかったと思えるから。

お父さんはバブルが終わってから社会に出た。おいしいおもいをしてきた連中の尻拭いをしとる。世の中も一部の連中の手で勝手に変えられる。戦争が起こり、この先ますます難しい国際情勢や日本社会になっていく。テレビでは毎週討論やら議論をしとる。ブツブツと文句を言って世の中が変わるならなんぼでも言うたらええ。でも絶対変わらん。変わるのは自分や。棺桶に片足突っ込んどる連中の中にも必死で生きてきた人もおる。

今お父さんは27歳。振り返るとここまでめちゃめちゃ早かった。あと20年もすぐに来る。もうすぐ時代の主役が自分たちになる。この本を書こうと思った理由は3つあった。1つはお前たちに伝えること、もう1つは本として店頭に並ぶほどの価値があるか確かめたいこと。お父さんは前から生まれ変わるなら戦国時代と言うとった。でもおれは、多分殺し合いではなく自分たちの軍がどこまでいけるか試してみたかったんやと思う。今の現実でもそうや。金で動く連中じゃなく、熱い想いを持ちながらくすぶっている連中や歳をとったが死に場所を求めている連中、障害者や病人や日本に来た他の国の人たち……。太く短くても華やかに生きたい連中と「世界ぶったくり軍」として戦国ゲームができたら楽しいやろな。相手は世界のホンダやソニー、松下などなど、ビルゲイツまでいけるかな？　最後の１つは本として世に出た時に、仮に１億２千万のうちのたった０・０００１パーセントの同じような考えを持った人１２０人が集まれば世界を変えられる……かもしれん？　というめでたい想いや。

ええか、金持ちが偉いんじゃない。有名人やから、社長やから、歳をとっているから偉いんじゃない。ほんまに偉いのは生きることをサボってない人間や。サボるというのは遊ぶことじゃない。他人のことを判断したり、否定したり、見下したりすることや。自分でも８割以上感情が支配しとると思う。正しいことでもこいつに言われたら腹が立つというのがある。偉くなるほど経験を積むほどに頑固になっていく（丸くなっていく人もおるかな……）。……でもそうわかっていても実際はなかなかそんな心境になれん現実なんやなあ……。まあ、それら全てを含めてお前たちは人生を楽しむために生まれてきたと言っておこう。

10年後のお父さんはどんな考えになっとるか楽しみや。最後に今現在の『マイ・ゴール』の３つの質問の答えとおれの好きな言葉を書いておこう。

――あなたが後世に残すもののうち、一番大切なものは何ですか？

今までの経験や体験で学んだことを伝えること。

――あなたは遺言書になんと書きますか？

生きることをサボらずに楽しめ。

――自分の後世に続く子供たちのために「これだけは言い残して死にたい」と思う人生訓は何ですか？

経験は人生の宝や。でも宝にするか、ゴミにするか、ただの思い出にするかは自分次第や。

――あなたの好きな言葉は？

「挑戦なくして成し得た偉業は今まで1つもない」かな。とにかくやってみなわからん、ちゅうこっちゃ。今日は2003年5月31日。去年の同じ日にニュージーランドのＴＹＣＯキーストンに雇われた。一度きりの人生、誰しも好きなように生きたいやろな。でも現実を見たら障害だらけやな。次はどんな作戦でこれを乗り越えようかの。あと何年人生を楽しめるやろかな。幸せちゅうのは考え方次第やな。まあアホは考えるより動くのが得意やしな。おれは中身も単純やし……。ま、これが20代での総集編ちゅうとこかな。こっからは燃えてくる曲、元気が出る曲じゃあ！　さあ！　言うこと言うたしウンコもしたし、いっちょやったるかい。これが本として店頭に並んだ時、次の章が始まる……。いったいどんな人物が現れ、何がおこることやら、いやあ〜、たのしいのぉ。

だあぁ〜はっはっは……。

著者プロフィール

平田 宜弘（ひらた よしひろ）

1975年、兵庫県姫路市生まれ。
飾磨工業高等学校をなんとか卒業。
その後、㈱日本オンライン整備で、郵便局の貯金端末の点検・修理。
あとは本の中に詳しく記載。
とにかく、プロフィールの意味もよく理解できていない。

E-mail:sinasina77@hotmail.com

ぶわっはっは 無鉄砲海外移住計画

2004年1月15日 初版第1刷発行

著 者 平田 宜弘
発行者 瓜谷 綱延
発行所 株式会社文芸社
〒160-0022 東京都新宿区新宿1－10－1
電話 03-5369-3060（編集）
03-5369-2299（販売）

印刷所 神谷印刷株式会社

ISBN4-8355-6848-6 C0095